稼ぎたいなら
キャバクラへ行け

実業家 林尚弘

はじめに

私はただのサラリーマンの家庭で育った。

中学受験も未経験。習い事などもさせてもらえなかった。

普通のサラリーマンの家庭に育ち、浪人し、ＭＡＲＣＨぐらいの大学へ奨学金で通っていた普通の人だ。

そんな自分が今では年商１４０億円を超える事業をつくり出し、30歳以降、年収は1億円を切ったことがなく、毎日楽しい豊かな生活を送っている。

私は、

・普通の家庭で育ち、親がお金持ちなわけではない。

・高度な教育を受けてきたわけではない。
・頭がめちゃくちゃよくて、現役で東大に行けるほどのものでもない。
・すごい企業に就職した経験もない。
・資格もなにもなく、普通自動車免許しか持っていない。
・朝から晩まで働いているかというと、そうでもない。

これだけ普通の人なのに、現在ではまあまあの成功者。
これはひとえに、自分の人生の選択が正しく、効率的だったからだと思っている。

言わば私は、
人生の逆転方法、ショートカットルートを偶然、
編み出せたために現状の成功がある。

みんなと違った、ショートカットをしてきた。

すると、育ちにおいて、教育において、就活や年収など、一定の年齢まではレースの後方に置いていかれたはずの自分が、みんなとの差が縮まり、気づけば追い越し、楽しい人生になったと思う。

自分の経験から編み出した、効率的な人生の歩み方をみなさんに届けたいと思い筆を執った。人生を逆転するコツは、

常識にとらわれず、
無駄なものは切り、
意味のあることをたくさんすることである。

たとえば、授業。

受けないと怒られるし、受けない選択肢なんかないと思う。
ただ、この授業ってマジで無駄で、受けない方がいい。

たとえば、就活。
就職活動をしないなんてビビるかもしれないが、しない方がいい。
そんな書類を書いている時間があるなら、いきなり働いた方がいい。

たとえば、大企業。
得られるものは少ないし、変な癖がついてしまう。
大企業に行ったら朝から晩まで働かされるし、お給料も低い。

みんなは授業を受け、しっかり勉強していい大学に行き、就職活動をし、有名大企業を目指しそこで一所懸命働く。

そんな頭のいい、まじめで一所懸命やっているひとたちに勝つためには、違うことをしないといけない。同じ土俵で戦ってはいけない。

むしろ、捨てることによって得られるものは多く、あとから「なぜあんなことを目指していたのか」とわかってもらえると思う。

まず、私から無駄なことと、意味のあることを伝える。

そしてそれがなぜなのかを理由もあわせて書く。

そこでみなさんには取捨選択してもらい、できそうなことをやってみてほしい。

そうすれば人生はかなり好転するはずだ。それは経済的な意味でも、効率面でも、人生の豊かさにおいてもだ。

私も数多くの失敗をしてきた。でも、幸いなことに何とか無駄なことを切ることに成功し、うまく現在の地位をつかむことができた。

本にまとめるのは初めてだが、私の経験をYouTubeや直接伝えてきた若者はたくさんおり、このノウハウで私よりも若くして人生の成功と呼べるだけのものをつかみとっている仲間も数多くいる。

私が編み出した約40個の人生の逆転方法、ショートカット法を本書にまとめる。

この方法を実践すれば、様々な自由を手にすることができるだろう。

第2章 遊ぶと儲かる

第3章 ビジョン――お金より大切なこと

第4章 新しく学ぶ技術

カバーデザイン 幻冬舎 デザイン室
帯写真 村山良
DTP・本文デザイン 美創
編集協力 千羽ひとみ 木田明理

第1章

人と同じ道を通るな

1/1

就職するな！
起業しろ！

「はじめに」でも触れたように、私は特別な才能があったわけでもなければ、学力優秀だったというわけでもない。世の中には東大だの医学部出身だの、すごい経歴の人があふれている。

そんな中、私は学習院大学法学部というＭＡＲＣＨと同程度の大学に、奨学金で通っていたごく普通の学生に過ぎなかった。しかも1年間浪人している。

そんな私が起業した武田塾という学習塾は、今では全国に４００教室を展開し、年商１４０億円の事業に育っている。30歳以降、年収は1億円を切ったことがない。

ごく平凡な人間にすぎなかった私が、そんなそこそこの成功者になれた理由の一つは、就職しなかったことだと思う。私は大学1年で起業して社長になった。就活は一切していない。就活なんて、時間の無駄以外の何ものでもない。

仮に、商社に就職したい大学生がいるとしよう。誰だって業界一位の三菱商事に行きたいはずだ。しかし三菱商事に内定を貰《もら》えないかもしれない。だから、業界二位、人によっては三位や四位にもエントリーする。エントリーシートにどんな「志望理由」をあげようとも、「三菱商事に落ちた場合の滑り止め」が本音だろう。それなのに、二位以下の企業にしかない特徴を必死になって探し出し、「入社できた暁には御社の特徴である～をいかして……」という時間は非常に無駄だと思う。

若い時間が一番成長できる。30歳以降は人間は滅多に変わらない。大学生の時間という、人生で一番成長できる貴重な時間を、意味のないことにつかってはならない。ではなにをすべきか。いきなり起業すべきである。

それが怖いなら、フリーランスになって個人事業主としてやるのがいい。いきなり起業なんて……と思うかもしれないが、私もできたしあなたもできる。そして私の時代より現代の世の中の方が起業がしやすい。なんでもネタはある。

起業するのがなぜいいのか。それは「意味のある仕事をする癖」がつくからである。例えば手書きのエントリーシート、行きたくもない企業への就活など、実は世の中意味のないことも多い。しかしみんながやるから、会社の指示だからということでやらざるを得ない。

しかし、自分が起業した場合、そんな無駄なことばかりしていれば、たちまち会社は潰れる。だから、意味のあることしか絶対にしないはずだし、意味のあることを徹底的に探すはずだ。起業すれば辛く、大変で、追い込まれ、なんとかしなければいけなくなる。そのため、めちゃくちゃ成長する。

就活はみんなと同じ道であり、意味が薄く、固定給が貰えるためそこまで追い込まれない。

だからもしも他の人と違った人生を歩みたいなり、成功者になりたいなり、なにかすごいひとになりたいならば、就活はしてはいけない。即、起業することこそが、成功へのショートカットである。

1/2

準備するな！
いきなり起業しろ！

「就活するな、起業しろ。林社長はそう言うけれど、何をしたらいいのかわからないし、会社をどうつくればいいのかもわからない――」

これが大方の反応だろうと思う。

私もはじめはまったく同じだった。そしてわからないながらもまずやったことは、同じように起業し成功した社長の本をたくさん読み漁《あさ》ったのだ。

ホリエモンこと、堀江貴文さんの本も読んだし、サイバーエージェントの藤田晋社長の本も読んだ。楽天・三木谷浩史社長の本も読めば、この本を出してくれた見城徹社長の本も読んだ。０から切り拓いた人の言葉にたくさん触れることで見えてきたこともあったけれど、正直具体的に社長が何をすべきで、次に自分が何をすべきかなどは書いていていない。

みんなこういうところから成り上がってきたのか！　すげえ！　ということはすごく実感した。しかし具体的に何をしたらいいかまではわからなかった。

だから「起業しろと言われても……」ってためらう気持ちもよくわかる。でもそれでいい。何をすればいいかわからなくてもとりあえず起業する。起業して株式会社をつくってしまう。私はそうやって進んできた。

私も最初の1年間は、登記も請求書のつくり方も決算もわからなかった。起業したら何をしたらいいか、なんてわかるわけない。なぜならその前まで、私は正社員経験もなく、アルバイトしかしてなかったからだ。でも起業したら嫌でも追い込まれるのでやらざるを得ない。

でも、これはやってみる以外わからないものだと思う。本を読んだり、勉強したりでできるものではない。どこかで追い込まれてやってしまうしかない。今振り返ればダメな起業だったと思う。もっとこうすればよかったと思うことは山ほどある。

でも、起業せず、まずはいったん会社に就職してから……なんてことをしていたら成功が何年も遅れたのは間違いない。本を読んでも何をしてもこればっかりはわからなかったと思う。事業は動画編集やWEB関係のフリーランスでも家庭教師でもなんでもいい。とにかく、自分で仕事の基礎基本となることをやってみるといい。同級生が大学のレポートや資格試験、就職活動をしている間に、人生で大事な「稼げる実力」を身につけてしまうのだ。

いきなり起業しても何とかなるものである。しかも、私の時代と違って今ではYouTubeで情報が揃っている。

「初めての起業」「経理　入門」などで調べればわかりやすく解説してあるし、教材もある。

ただ、それを起業せずに見たところで全く身につかない。起業し、追い込まれ、調べ、やってみて、失敗して学ぶのだ。そのためには即起業した方がいい。

1/3

顔を隠すな！
晒《さら》せ！

一般的には、YouTubeなどには顔を出さない、デジタルタトゥーになると考える読者も多いだろう。就職、転職活動に不利になると考える人も多い。そういう人が多いから、逆に顔を隠さずに、自ら露出していった方が圧倒的に有利になる。まずは自分のＳＮＳを伸ばすべきだ。

幸いなことに、昨今ではそのためのツールには事欠かない。YouTubeやTikTok、Ｘを使って、まずは自分の顔、人間性、事業について知ってもらおう。そういうのはちょっと苦手で……という方は収益性の事業を作り、その事業を広告費をかけて広げていくという一般的な手法をとればいい。

また、めちゃくちゃ素晴らしいサービスをつくり、口コミで広まったりするサービスをつくるのもいい。でも、広告費を捻出するのも、口コミを意図的に起こすのも非常に難易度が高い。

ＳＮＳを用いた集客の方が難易度は低く、成功した場合のリターンも非常に大きい。

約20年前の話となり恐縮だが、私もＳＮＳで自分の事業を伸ばした。「日本初！授業をしない。武田塾」というのはキャッチーではあるが、キャッチフレーズだけで生徒が集まるほど世の中甘くはない。まずは2ちゃんねるやブログを使って独自の勉強法や業界の問題点を訴え、生徒を集めた。また、時代の移り変わりとともに、YouTubeチャンネルを始め、それが生徒集客の中心になった。

全国に視聴者がいるため、新しく校舎ができたときも基礎的な生徒さんが集まってくれる。ＳＮＳの力は大きい。そのため、私が武田塾をフランチャイズ展開をした時も非常に力を発揮してくれた。私が顔を出さずにＳＮＳをやらなければ、こんなに会社が大きくなっていないことは明白だ。

さらに『林顧問制度』と呼んでいる事業も現在、スタートしている。私自身が経営者の悩みを聞いたり、会社のお手伝いをする事業を行っているが、これはすべて私の顔を認識してくれている方からの申し込みだ。当たり前だが、私のことを知らずに顧問になってくれという方はいない。

サービスの値段と概要は、1カ月50万円で月1回、契約した経営者の方々と1時間、お茶しつつ経営についてアドバイスするのが基本である。そして現在50人を超える経営者の方にご契約いただいている。1か月に約50回お茶するのも大変ではあるが、平均すれば1日2人弱とお茶すればいい。

それで50万円×50名×12か月を計算していただければわかるのだが、これだけで私は3億円の収入がある。毎日お茶すると、年に1回、必ず宝くじの1等が当たるようなものである。

これもみんながYouTubeで私のことを見ていてくれるからこそ。「令和の虎」というYouTube番組に長く出演しているが、その内容は事業に対してお金を出すか出さないかというやり取り。そのやり取りを長い間見ていただいているため、林がどんな考えを持っていて、顧問になったら役に立つか立たないか、なんとなくわかってもらえている。YouTubeで見、TikTokで見てくれているから、この人に顧問になってもらいたいと思ってもらえる。

言うまでもないけれど、YouTubeに出る前と出た後の私に、違いなんて何一つない。どちらもまったく同じ『林尚弘』なのに、出る前と出た後では、みんなの扱いがまったく違う。

だからこの本を読んでいるみなさんも何も変わらなくたって、YouTubeで有名になったら顧問なり、案件なり、なにかお仕事が舞い込むということだ。だからどんどん顔を晒して、「ああ、YouTubeのあの人ですね」「Xをフォローしています」と言われる状態になったほうが絶対にいい。みんなが顔出しNGだったり、デジタルタトゥーを嫌うからこそ、チャンスなのである。

1/4

バイトするな！個人事業主になれ！

「とりあえず起業する」が成功へのショートカットの方法だと言った。しかし、ハードルが高い気持ちもわかる。そのため、フリーランスで活動し、そこから株式会社化するというのもありだと思う。

起業も難しいが、いきなりフリーランスとして活動するなんて無理……と思う人もいるかもしれないが、そんなことは絶対にない。まず、家庭教師の仕事だって、会社に入って働くことだって、なんだってフリーランスにできる。業務委託契約を結んで、業務委託費を貰えば立派なフリーランスだ。

時給や月給をアルバイトや正社員として貰うのではなく、業務委託として働くことはとても勉強になる。なんなら、1人株式会社を設立して、そこで業務委託として受けてもいい。その方がより、会社経営の勉強になる。このように、実はフリーランスというのは何でも仕事になるのだが、仕事の幅を広げるための塾のようなものも現代ではたくさんある。

２日間で動画編集ができるようになる動画編集ＣＡＭＰ、ホームページをつくれるようになるための塾、簡単なプログラミングを教えてくれる塾もある。特に今は「動画編集」の需要が、供給より上回っている。フリーランスとしてお金を貰いながら経験を積み、会社経営の基礎を学んでいく方がいい。

『林顧問制度』で顧問先の全国の社長さんたちとお会いしていてよく聞くのが、企業側の「YouTubeをやりたいんだけどどうしたらいいかわからない」という声だ。それだけＳＮＳ運用はニーズがある。しかも、そのニーズは若者からすれば「え？　マジ？　そんなんでいいの？」ということばかりだ。

YouTubeの企画、撮影、編集は少しハードルが高いかもしれないが、正直、世の中の結構儲かっている社長さんで「Ｘの更新をどうしたらいいかわからない」「インスタでなにを投稿したらいいのか……」という悩みのレベルの人はごまんといる。現代の若者からすれば「え？　なんでそんなことできないの？　それを投稿するだけで月々数万円とか数十万円貰えるの？」と驚くお仕事内容だ。

若者はお金はないがSNSに慣れ親しんでいる。中小企業のオーナー社長はお金はある程度稼いでいるが、SNSのやり方がわからず困っている人が多い。その格差を狙うだけでかなりのお仕事がある。


これだけで正直、フリーランスとして独立は可能だし、株式会社化するのも十分にできるし、実際にそのような事業内容で起業している若者はめちゃくちゃいる。現代の起業は非常に簡単だし、仕事もたくさんある。ここに書いたのは一例であり、他の事業もたくさんあるし、なんならYouTubeで様々な事例が共有されている。

一般的なアルバイトをせず、なにかスキルが身につくような、将来独立につながるような仕事を業務委託ですること。これもまた成功へのショートカットだと思う。

1/5

広告かけるな！
SNSしろ！

ＳＮＳの効用は枚挙にいとまがない。いくらでもＳＮＳの有効性について語れるが、最もわかりやすい事例をあげてみよう。

広告の集客とＳＮＳでの集客の事例をあげてみる。

まずは広告の集客で代表的な手法はリスティング広告。武田塾の生徒を増やすために、Googleに「塾・予備校」でリスティング広告をかけると、１クリック１００円ぐらいだと思う。塾や予備校を探している人がブラウザの検索窓に「塾」と入力して検索すると、塾や予備校の名前がズラッと出てくる。

その最上位に広告枠として表示させ、１クリックしてもらうのに１００円かかるという手法がリスティング広告だ。１件につき１００円をGoogleに支払うわけなので、１００名に見てもらいたいと思ったら１万円、５００名に見てもらいたいと思ったら、５万円かかることになる。

その５万円で、５００名の人が武田塾のＨＰを見てくれ、そのうち何名かが入ってくれる。これが広告による集客だ。

対して、SNSでの集客の代表例がYouTubeだ。

たとえば1本の制作費用、5万円かけて、武田塾の勉強法の動画を上げたとする。ちょうどこの本を書いているときに上がっていた武田塾チャンネルの動画は英語の勉強法だった。こんな英語の参考書をいきなり使うと失敗する、こういう勉強法をやるべきだという武田塾の理念が詰まった動画の再生数は約2万回だった。

同じ5万円で2万人の人々に届く。1人に届くのに約2・5円である。広告の約40分の1の価格で届けられる。もし、同じ人数にリスティングで到達するには200万円必要である。

しかも、リスティングは広告のため、ただ武田塾のHPに飛ばしたり、自社の強みが書いてあるランディングページ、いわば縦長のHPみたいなものに飛ばすだけである。広告を見させられるのと、自然と役に立つコンテンツをYouTubeで見るのでは、刺さり方が違う。YouTubeの方が圧倒的に武田塾のすごさを伝えられるはずだ。

さらに、この動画は今後もずっと伸び続けるかもしれない。英語の勉強法というのは今日だけの悩みではなく、明日も明後日も1か月後も数年後もずっと誰かが悩むことであり、誰かがこの英語の勉強法の動画を今後もずっと見続けてくれる。

例えば、約1年前に上げている英語の参考書の勉強法動画は現在、67万回再生。制作費を5万円だとするなら、1人に届くのに0・1円を切っている。これがSNSによる集客の魅力だ。

武田塾の集客はリスティング広告のように消えてなくなる広告ではなく、SNS上に残り、資産となり、明日も明後日も来年もずっと再生され続けるコンテンツをみなさんに役立つ形で積み重ねてきた。

その差によって、旧態依然とし、さらに少子高齢化が進んでいる学習塾・予備校業界で、近年まれにみる成長スピードで武田塾を拡大できた。この方法の応用をFC業界で用いたり、林が個人顧問として他社の成長のお手伝いをさせていただいているに過ぎない。

まだまだ使える方法なので、ぜひみなさんにも応用してもらいたい。

1/6

オフィス借りるな！
喫茶店でやれ！

「たくさんの資金をベンチャーキャピタルから調達し、イケてるＩＴサービスをローンチし、一等地にある豪華オフィスで資金を溶かしながら世界をとるためにＶ字の成長、上場を目指す」

これがよくある起業家の姿である。対して、林が提唱したいのはこんな起業家の姿だ。

「資金は調達せず自己資金の最低金額で始め、地味でも実際にすぐ黒字になるサービスをつくり、オフィスは雑居ビルもしくは自宅、喫茶店で賄い、資金を温存し黒字を出しながら急激な成長を目指し、上場にはこだわらない」

これが林的に近年のイケてる起業家の姿だ。豪華オフィスなんてイケてない。豪華オフィスに投資する経営者もイケてないし、そんなところで働きたいと思う人もイケてない。イケてない者同士が集まって事業がうまくいくわけもなく、大幅赤字を出して解散する姿が目に見えている。では、どうして林がそういう考えに至ったか説明していこう。

まずひとつ、周りの起業家の様子を見た、実体験からである。私の周りにも、ベンチャーキャピタルから資金を調達し、一等地におしゃれなオフィスをつくり華々しく仕事を始めた友人がいる。確かにオフィスは素晴らしいし、ビジネスもうまくいったらすごいものなんだけど、まだ黒字は出ておらず、現段階ではうまくはいっていない。

起業したての新米社長がまずなすべきは、事業を軌道に乗せること、つまり黒字を出すことだ。事業の規模を拡大するために広告費や人件費を突っ込み、赤字を掘るという戦略もなくもないが、人から出してもらったお金でその勝負をするのはスーパー危険だ。その中で成功事例があるのも認める。ただ、その割合は低く、成功者の陰ではたくさんの成功しなかった者たちが存在し、その人たちをたくさん見て来た。

だから、成功者の事例ばかりを参考にせず、もっと手堅い戦略があるのをみなさんに伝えたい。

私自身、アルバイトで貯めた30万円で株式会社をつくり、そこから自己資金のかからない家庭教師の派遣でお金を貯め、武田塾を数百万円でつくり、お金のかからないブログや大学生につくってもらったYouTubeで集客した。そして武田塾を拡大したのはフランチャイズという資金調達法であり、ＶＣでも上場でもない。

急拡大したにも拘《かか》わらず、武田塾の本部社員数は10名～20名程度で２００校舎まではいけた。さすがに４００校舎になると30名程度にはしたが、しばらくオフィスもなく、武田塾 御茶ノ水本校の受付スペースだけが本部のオフィスだった。

そこから、坪単価1万円30坪、つまり家賃30万円の雑居ビルに本部オフィスを構え、そこで年商１００億まではいけた。

以上のように、豪華オフィスも大量の人材もベンチャーキャピタルも上場も目指さなくてもそこその企業はつくれる。考えてほしい。オフィスは最低限のところはあってもいいけど、特に利益を出すものではない。憧れてもいいが、逆に、すでにもう豪華オフィスを手に入れている会社に入る必要はないだろう。その会社がめちゃくちゃ儲かっているならいいかもしれない。

でも、そんなめちゃくちゃ儲かっている会社に入って、なにかいいことはあるだろうか。そこでえらくなれるだろうか。存在価値をみんなは発揮できるのだろうか。自分自身の力で豪華オフィスを借りれるぐらいの会社にするんだ、という人材の方がよっぽど優秀だ。

さらに、経営者も豪華オフィスに経費をかけるぐらいなら社長の想いをXなりYouTubeに上げるべきだ。そこで語られる社長の理念や今後のビジョンに共感したものを入社させるべきであり、豪華オフィスで人を釣ろうなんてださすぎる。

豪華オフィスで事業をやっている会社は要注意だ。林と一緒に喫茶店で仕事をしよう。

1/7

起業ネタ探すな！
FC加盟しろ！

世の中、実は無駄なことだらけ。就活するぐらいなら即個人事業主になったほうがいい。豪華オフィスも広告も意外と無駄。本質を突き詰め、意味あることはなにか考え、みんなと違うことをする。その積み重ねにより大きな差になってくることが、読者のみなさんもなんとなくわかってくれ始めたころだと思う。

次にみなさんに伝えたいのは「起業準備の無駄」である。

いつかは起業したい、なにかをしたい、でもやりたいことが見つからない……。そういう気持ちはめちゃくちゃわかる。でも、どんなに考えても見つからない時は見つからないし、それが見つかるのがうっかり50歳の時だったらそこから起業するのは辛すぎる。なので、いつやりたいことが見つかっても平気なように、まずはFCで起業をするのをお勧めする。

ある程度、うまくいっている事業モデルがあり、そこに加盟金とロイヤリティーを払いながら一緒にやっていくのがＦＣ。具体的に言おう。例えば将来、教育業界で起業したいと考えているが、どういうものかは決まっていないとしよう。そのとき、武田塾のＦＣに加盟すればビジネスができる。教育業界も知れるし、会社の基礎もわかるし、大きな会社はこのような仕組みでできているのかというのがわかる。

社員教育、ノウハウの共有、校舎のクオリティーの管理、集客方法や様々なキャンペーン、そして実際に社員を雇用し、売り上げをあげ、経理をして決算をするという流れもわかる。武田塾という完成されたビジネスモデルをいきなり手に入れ、それを広げ、管理し、経理をするということで起業の勉強になる。こんなショートカット法はなかなかないだろう。

そしていつかビジネスのアイディアが思いついたとき、武田塾という商品ではない独自サービスを完成させ、広め、管理すればいいのだ。思いついたときにサラリーマンから独立するのはなかなか辛い。

独自のサービスを生み出しながら、初めての雇用契約、初めての請求書、初めての決算……学ぶことが多すぎるのだ。だからいったんまず、起業の練習としてFCに加盟するのはとてもありだ。FCに加盟したのちに、独自ビジネスモデルで新規事業を当てたひとを数多く見ている。

フランチャイズはコンビニのイメージが強く、契約書の厳しさ、長時間労働、質の低下や自由度のなさ、収益があまり出ないイメージがあるかもしれないが、そんなことは実際にはなかった。ここも世間から誤解されているからこそチャンスなのである。

人気ラーメン店や老舗寿司店に弟子入りし、師匠に怒鳴られながら寝る間も惜しんで修業を積むという方法もあるかもしれない。そのうち店の1軒ぐらいは持てるようになるだろう。

でもそこまで行くためには数年からときには数十年かかるかもしれない。本当にそれは最短距離・最適ルートなのだろうか。

起業準備をするぐらいなら即起業すべきだ。そして起業のネタがなければＦＣで練習すべきだ。事業を思いついたらそのサービスだけ変更し、あとはだいたい同じことも多い。同じ会社経営なのだから。

1/8

交流会行くな！
コメントしろ！

人脈を広げるために様々な交流会に参加している人も多いだろう。そんなことよりもＳＮＳでコメントしたほうがよっぽど人脈が広がるし、人生も変わる。そんな私の実体験を書いていく。

私のことを知ったきっかけの多くは YouTube 番組「令和の虎」なのではないだろうか。チャンネル登録も１２０万人超えで、切り抜かれることも多い。そんな令和の虎は私がＳＮＳ上であるコメントをしたから生まれたと言っても過言ではない。

令和の虎なんて始まる前の頃、岩井良明さんとも会ったことがない頃でも、私は岩井さんを一方的に知っていた。『￥マネーの虎』という日本テレビの番組を私がずっと見ていたからだ。そのため令和になる前の２０１９年頃、Facebook で友達ではないものの、フォローをしており、ずっと岩井さんの Facebook の投稿を拝見していた。その投稿は様々なことが書かれていてとても面白かったのだが、その中で、私が最も興味があった投稿は「麻雀」である。

岩井さんは毎日のように麻雀をしており、その日に上がった役満をFacebookに上げていた。しかしその役満の数、種類が本当に多い。役満とは、なかなか出ない役のことであり、だからこそ点数が高い。なぜこのひとはこんなに役満が上がれるのかと思うぐらい、役満を上がっていた。そのため、あまりにすごいなと思ったので私はついつい面識もないのに「本当にこんなに役満を上がってすごいですね……」とコメントしたのだ。

すると、なんと、岩井さんからリアクションが返ってきた。その理由は、岩井さんも私のことを認識していたようなのだ。私はその当時、そんなに有名でもなく、フランチャイズチャンネルの登録者も5000人程度。それなのになぜ私のことを認識していたかというと「同じ業界」だったからだ。岩井さんは学習塾も経営しているが、実は、岩井さんの本業は「学校、塾向けの広告制作会社」なのだ。

岩井さんの会社のデザイン力や企画力は教育業界で有名で、非常にいいものが出来上がると評判だ。そういう会社を経営しているため、当時、非常に伸びていた武田塾の社長ということで私のことを認識してくれていたのだ。

岩井さんは根っからの営業マンなので、「結構大きな学習塾の社長がFacebookにコメントをくれた！　営業チャンス！」と思ったようで、すぐに会う日取りが決まった。そこで初めて岩井社長と会うことになり、仲良くなり、お仕事や飲みなどをご一緒させていただくことが多くなり、そこで生まれたのが令和の虎なのだ。

私が岩井さんのFacebookにコメントしていなかったら、私と岩井さんが会うことはなかったと思うし、令和の虎は誕生していない。交流会の参加もいいが、ＳＮＳで勇気を持って会ってみたい人にコメントをしてみるのはどうだろうか。人生が変わるかもしれない。

ALLだけじゃない！NOTHINGだ！

いきなりだが、今和の虎という番組の仕組みを説明する。志願者が、５人の社長たちにプレゼンをし、事業に投資してもらう番組だ。希望の金額までお金が積み上がったら「ＡＬＬ」となり、志願者はそのお金を持って帰れる。

ただ、希望金額に達しなかった場合は「ＮＯＴＨＩＮＧ」となり、お金は1円も貰えない。１０００万円の希望金額に対して、９００万円積まれた場合も、足りなかったとしてＮＯＴＨＩＮＧになる。そういうルールになっている。

番組を盛り上げるために、たくさんの優秀な志願者さんが必要で、優秀な志願者こそ番組に欠かせない存在だと思うだろう。しかし、実はそうではない。岩井主宰のすごいところは「ＡＬＬとＮＯＴＨＩＮＧ、１：２の法則」を提唱しているところだ。

どういう意味かというと、「ＡＬＬになる志願者が1人に対して、ＮＯＴＨＩＮＧの志願者2人ぐらいがちょうどいいバランスだ」と岩井主宰は考えているのだ。

ここが岩井さんのすごいところなのである。優秀な志願者とのやり取りは非常に勉強になるし、見ごたえもあるし、完璧なやり取りは投資する側の社長さんたちもうなり、言うことがないということもある。

ただ、そのやりとりは面白くないのだ。

レベルの高いビジネスのやりとりは勉強になるし、ためになる。投資もされるため高額な現金も動く。ただ、それを観て面白いと思う方はこの本を手に取っているみなさんのようなレベルの高い人たちだ。

残念ながら、多くの方々は「レベルの高いビジネスのやり取り」なんていうYouTube番組を観たいとは思わない。やっぱり面白いのはちょっと変な志願者が想定外のことを言い、虎たちを困惑させたり、怒らせたり、そんな変わった志願者の方が再生数が圧倒的に高い。そしてそんな志願者たちはお金は積まれず「NOTHING」となる。ただ、そのNOTHINGの志願者によって令和の虎は支えられているのである。

NOTHINGの志願者から、爆発的な面白い志願者が生まれることがある。

ひとりは眞本さんという志願者。マジックバーをつくりたいというのだが、話を聞くと、どう考えても今いるお店からの引き抜き行為になり、それはいけないことなんじゃないかという話をしたり、アンパンマンは著作権フリーだと言う。しかしその場で虎たちが権利関係を調べてみると、しっかりアンパンマンも著作権があることが判明する。

本当に謎の志願者なのだが、なんだか面白い。癖になる。再生回数はなんと300万回を超えている。

もうひとり、キング本田という志願者がいる。あまりに失礼な発言をするので、岩井主宰がしっかり愛のある説教をすると「若者をいじめて楽しいか」と逆切れし始める。岩井主宰にブチ切れるなんて勇気がある。そしてやりとりはヒートアップし、荷物をまとめて帰るところまでが動画に収められているのだが、再生回数は817万回。本当にすごい。

チャンネル登録も大幅に伸びたし、令和の虎と言われてもピンとこない人でも「若者をいじめて楽しいかっていう動画は観た！　わかる！」というひとが多い。

NOTHINGな志願者のおかげで、令和の虎は支えられているのだ。

その感謝の気持ちも込めて、令和の虎は「NOTHINGでも虎の子」という方針で運営されている。令和の虎は志願者がオールを勝ち取った場合、投資側と志願者が実際にビジネスを一緒にやることになる。だから虎たちと連絡を取り、虎コミュニティーに入ってくるのは当然だ。

しかし、岩井主宰は「NOTHINGであった志願者たちも虎コミュニティーに入ってほしい。同じ虎の子だ」というなんとも心の広い運営方針なのだ。さらに、リベンジ版タイガーファンディングというものが、ピナイ・インターナショナルの茂木哲也社長を中心に運営されている。

これはNOTHINGだった志願者だったが再度、令和の虎に挑戦できるという仕組みだ。このシステムは私は本当に素晴らしいと思っている。

なぜなら、NOTHINGになってしまうと、視聴者から叩かれたり、誤解されることも多い。当然、そのリスクがあるからこそ高確率で大金を得られるのだから仕方ないのだが、かわいそうではある。

そこでリベンジ版があることによって、その誤解を解いたり、成長した姿でもう一度令和の虎に出ることによって、視聴者のイメージを変えることができる。

さきほどの眞本さんもリベンジ版に出演し、それまで叩かれていたイメージと全く変わった。視聴者にただ笑われ、叩かれていたひとが成長し、感動すらする回になった。

いわば、リベンジ版タイガーファンディングは令和の虎のセーフティーネットとして機能している。岩井主宰の志願者を思う気持ちが、虎たちにも伝播し、コミュニティー全体で虎も志願者も助け合っていこう、応援していこうという雰囲気になっている。

このコミュニティーをつくった岩井主宰は偉大である。最近、肺がんを公表されたが、岩井主宰に代われるひとなんかいない。

まとめると、岩井主宰はビジネス YouTube 番組を運営しながら、レベルの高いＡＬＬになる志願者だけでなく、ＮＯＴＨＩＮＧの志願者も大切にしている。

そしてそれはまさに逆転の発想であり、器の大きさの証明であり、読者のみなさんも学べる点が多いと確信している。

1/10

直営するな！
FCにしろ！

1／7では、起業するのにFC加盟をお勧めした。今回は独自のサービスで起業し、そのサービスを全国に広げるための方法として、FCをお勧めしたい。

例えば、私がいまFC展開を支援している「たばねのし」という和風のクレープ屋さんがある。とてもおしゃれでSNSで話題で、日本人だけでなく、海外観光客の心をつかみ、とても繁盛している。実際の数字はなかなか書きにくいのだが、とんでもなく儲かっている。

なのでここからは仮の数字で説明になるが、仮に、1軒つくるのに1000万円かかるとしよう。そして1年間の利益が2000万円出るとしよう。その状態で、自己資金で直営で展開する場合を考えてみる。

1年経過すれば、1軒のたばねのしで2000万円貯まるので、2年目に既存の1軒とは別に新規2軒のたばねのしができる。合計3店舗。すると、3年目には合計6000万円利益が出るので、4年目には既存の3店舗とは別に、新規の6軒のたばねのしができる。合計9店舗。そこから１・８億円の利益が出るので、新しく18軒つくれるので、４年目に合計27店舗になる。

４年で27店舗はとてもすごい。そんなにたくさんクレープ屋さんを4年でやっている人がいたらマジですごいと思う。ただ、たばねのしはＦＣ展開をしており、１年を経過せずに全国に約20店舗展開することが決まっている。

たばねのしを例に出したが、他の事例も紹介しよう。

はあとねいる↓約2年で２９０店舗

24↓約2年で２００店舗

ＪＰＣスポーツ教室↓約3年で50教室

武田塾↓約8年で４００教室

以上のように、短期間で驚くほど展開できる可能性があるのがフランチャイズだ。

武田塾が成功できた理由も、フランチャイズでの開業だったことに尽きる。

武田塾は初め、直営で展開し、約8年間で2校舎、年商1億円までしかいかなかった。その後、FC展開を開始し、FC展開8年間で400校舎、年商100億円までいった。

私は直営もFCも経験し、圧倒的にFCがよかったと思っている。直営でできる人は直営でやればいい。でも、世の中には直営で多店舗展開するのがとても難しいひとの方が多いのではないだろうか。

武田塾は1校舎つくるのに約1000万円かかる。つまり、400校舎にするには40億円が必要だった。直営で展開する場合、その40億円をどうにか利益を出すなり、融資を引っ張ってくる、出資してもらうなどして確保しなければいけない。

40億円の投資額を用意するのに何年かかるだろうか。それらの問題を解決するのがフランチャイズである。ただし、間違った使い方をするととんでもないことになる。使い方は正しく、誠実かつ慎重にお願いしたい。

1/11

FCは危ない？
だからFCにしろ！

フランチャイズの話をもう少し続けよう。

武田塾は8年間直営でやったのに2校舎、年商1億円にしかならなかった。その頃、若かった私は「なぜこんなにいい塾をつくっているのにこんなに広がらないのだろう」「業界が少子高齢化で市場が縮小しており、この時代に大きな塾はつくれないのか」と思い悩んだ。

しかし、起業してから約8年、28歳の時にある人から「武田塾にFC加盟したい」と言ってもらえた。私はやり方がわからず、竹村義宏さんというFCの専門家を訪ね、やり方を聞いた。その通りに展開すると、その後の約8年間で400校舎、年商100億円を超えた。

現在はその時から数年たっているので、武田塾の年商は140億円を超える勢いだ。同じ8年間の差はなんだったのか。自分には少なくとも、直営よりもFCの方が合っていた。こんなに素晴らしいものがあるのかと心から思っている。

なので、現在は「ＦＣチャンネル」というＦＣの素晴らしさを広める事業もしている。

なぜこんなに素晴らしいものが正しく世の中に理解されていないのか。自分なりの仮説を話していきたい。

まず、「ＦＣ＝コンビニ」というイメージが強い。たしかにコンビニは身近な存在で、店舗数も約５万７０００店ある。そんなコンビニが長時間労働、本部との訴訟などの問題を起こしているイメージが世間にはある。

コンビニに限らず、ＦＣというものは加盟している人も儲かっている人も多い。儲かっていなければこんなにコンビニは存在せず、もっと店舗数は少なくなっているはずだ。世の中には「セブンイレブン１軒経営しててめちゃくちゃ儲かっている人」とか「ファミリーマート10軒やっててその地域の王みたいになっている人」とかが存在する。しかし、そういうひとは表に出てこない。

なぜなら「セブンイレブンでこんなに儲かってます／(^o^)＼」なんていうSNSでも更新した日には本部に怒られるからだ。なので、まず、儲かっている話を知る機会がなく、悪いニュースのイメージばかり先行している。

そしてFC最大の勢力であるコンビニがクローズアップされ、飲食、塾、美容サロン、買取、英会話などなど、様々な業種がフランチャイズで展開されていることが世の中に知られていない。

そのため、フランチャイズ加盟をするとなると、周りから反対されることも多いと思う。もちろん、FCに加盟すれば絶対に成功するとは思わないし、私自身もあるFCに加盟して3000万円ほど失ったこともある。なので、しっかり検討はしてほしいと思うが、独自に起業するより成功確率は格段に高いと思う。

FC本部もFCに加盟する側もどちらにとっても素晴らしいうまい仕組みに実は

なっているのがフランチャイズであり、そういういい仕組みだからコンビニが何万店舗も便利な存在として残っているし、他の業種も取り入れているのだ。

世間のイメージの通り、本部だけが儲かって質が低下するなどというものなら、こんなにも長く世の中に存在していないだろう。

1/12

慎重になるな！
一気にやれ！

ＦＣ展開も、ＦＣ加盟も慎重にすべきだ、これがまた慎重にしすぎるとうまくいかないから難しい。今から約12年前に「日本で初めての『授業をしない塾』というものがあり、月謝は８万円で、創設者は１年間浪人したうえで学習院大学を出た20代のひとで、逆転合格を出してるらしい。２校舎だけどフランチャイズを募集して１軒つくるのに１０００万円程度かかるらしい」なんていう話が来たら加盟しますか？　絶対しませんよね（笑）。

でも、その時に武田塾の可能性を見出して、賭けてくれた人が何人もいたんです。その人たちはみんなお金持ちになっています。武田塾のことをしっかり調べれば調べるほど、いろんな人に相談すればするほど、おそらくみなさん加盟しなくなると思います。

なので、いまも私が「ＦＣチャンネル」というものを通して、「このフランチャイズ、わんちゃんあるかもよ？」というものを紹介していますが、どれがうまくいくかいかないかわからない。それは視聴者ご自身で判断してねというチャンネルをやっている。

私が加盟したFCのように3000万円なくなってしまうかもしれないし、第二の武田塾で将来は多店舗展開の大成功になるかもしれない。リスクがあるからリターンがあるんです。400校舎になってしまった武田塾に加盟しても、そこまで大きな駅・エリアはあいていない。これから武田塾がまだまだ伸びる、小さな駅でも成功するという予測があるなら是非加盟してほしいですが、それが本当にそうなるかはわからないのだ。

これからうまくいくかわからないFCだからこそ、本部により一層感謝され、早期に成功したからこそ、いいエリアを選び放題で、他の人よりも先に成功したビジネスモデルを知れるという権利が得られるのです。

なので、加盟する側も、慎重すぎるとチャンスを逃します。

それはＦＣ本部も同様です。

ＦＣ本部は、加盟してもらう人から加盟金を貰い、店舗などの初期費用、広告費用もすべて出してもらうため、一般的に本部にリスクはないと考えられている。ただ、ＦＣ本部にとって最大のリスクは「加盟してもらったのにみんなが全然うまくいかない」ということである。

その場合、たくさんの損害を多くの人に出させてしまう。そのため、加盟は慎重であるべきだし、当然だがしっかりリスクを説明し、それでもかまわないという人のみを加盟させるべきだ。しかし、慎重になりすぎてもチャンスを逃す。具体的な事例を、実話をもとに紹介しよう。

先日も札幌で3店舗直営であるビジネスモデルで成功している方が、私のもとにＦＣ化の相談に来た。その方は非常に慎重で、「次は東京都の千代田区で直営の実験をし、そこでモデルを進化させたのちに改めてＦＣ化したいと考えている」とおっしゃっていました。

そこで私が申し上げたのが「直営でいくら実験してもそれは直営だからうまくいってるんでしょ？　って言われます。だから、じゃあFCで、千代田区で実験して成功してもそれは千代田区っていう日本トップクラスのお金持ちがいるところだからでしょ？　って言われます。また、逆に失敗したとしたらそれも千代田区という特殊な場所だからかもしれません。慎重に行くのはいいですが、しっかりリスクを説明して、一気に何チームかに何店舗かいろんな都市で実験してみないと次には進みにくいんです」ということです。

FC本部としてはみんなに失敗してほしくない。だから慎重に行きたい。でも、慎重に行きすぎたら、慎重だから失敗したかもしれない。FCを1軒しか実験しなければ、失敗者を1人しか出さないかもしれないが、10人に10軒、10地域で実験していればその中に成功モデルが出現し、残りの9軒を救うこともあるかもしれない。

このバランスが非常に難しい。実際に、ＦＣの専門家、竹村さんの話によれば、一気に広げ、多くの店舗が赤字の中、そこから成功モデルが見つかり、全体を救った例はいくつもあるという。

詳しく書くと長いので割愛するが、中古車買い取りのガリバー、大学受験の東進衛星予備校などがその事例だという。みなさんも聞いたことがある有名ブランドも一気にＦＣで面をとったからこそ、いまでも残る有名ブランドとして定着している。

ただ、これは一歩間違えれば多くの人に数千万円単位の赤字を出させることになる。このため、ＦＣは劇薬ともいえるのだ。

この章で伝えたかったことは、ＦＣはリスクがあるため、慎重にならないといけないが、加盟する側も展開する側も、慎重すぎればチャンスを逃すことになることもあるということだ。リスクとリターンは収斂《しゅうれん》するのである。

第2章

遊ぶと儲かる

2/1

いい大学で
安心するな！
逆に稼げないぞ！

私の学歴は中途半端だ。めちゃくちゃ悪いわけでもなければ、めちゃくちゃいいわけでもない。中の上ぐらいだ。

私の周りには早慶東大医学部、なんなら海外の大学を出てるとかすごい人はたくさんいる。しかし、ほんと元も子もないことを言うと私の方がお金持ちである。そしてたぶん私の方が人生楽しそうである。

なぜ私の周りの高学歴の人たちはこうなってしまったのか。

答えは「いい大学に入ってしまったから」かもしれない。いい大学に入ると、新卒チケットを使わないともったいない気分になる。なぜみんないい大学を目指すのか？　それはいい会社に就職できる可能性が高くなるからである。

いい企業は給料が高く社会的信用もあり安定している。そのため、みんないい大学を目指す。中学受験も高校受験も、なんなら幼稚園、小学校受験だってすべてはいい大学を目指すためであり、最終的には就職活動を有利にするためなのだ。

そしてつまるところ、就職活動というのはいい企業に入るためであり、いい企業というのは社会的信用力や安定性や高収入、やりがいのためである。

たしかにいい大学に行った方がいい企業に行きやすい。ただ、そのいい企業というのがそこらへんの中卒、高校中退、そして私のような中途半端な大学に行った人でも簡単に抜けてしまうぐらいの年収しか貰えない。

世の中、実は中小企業のオーナー社長が高確率で安定してお金持ちなのだ。この事実を世間や保護者は気づいていない。いい企業が全てであり、そのためにいい大学に行かせようとしている。そのため、いい大学に行ってしまうと就職活動が有利なため、就職してしまう。その瞬間に普通の人生になることがほぼ決まるのだ。

私の場合は普通に就職活動をしても、早慶東大京大のひとに負けるだろうと思った。そのため、大学1年次に起業をし、失敗したら3年の夏で撤退し、就職活動のネタにしようと考えていた。幸運なことにそのままうまくいったため、現在がある。

このように私は、いい大学じゃなかったから起業をしたとも言えるかもしれない。早慶東大京大だったら、もったいなくて私も就職活動をしたかもしれないし、みんながする気持ちもわかる。

マッキンゼーや三菱商事に入れるのはすごいかもしれない。ただ、そこからえらくなるためにはとんでもない競争が待ち受けているし、理不尽なことも多く、自分の力ではどうにもならないことが多い。そしてえらくなったとしても、そこまで大きな収入を得られるわけではない。

たとえば、みずほ銀行の役員になっても年収は数千万円程度だ。テレビドラマ半沢直樹を見ればわかるように、熾烈《しれつ》な出世争いで生き残り、めちゃくちゃ優秀な人がめちゃくちゃ努力して、様々な幸運に恵まれて生き残った方だ。

そんなひとが数千万円の年収というのはちょっとバランスが悪いと思う。しかも貰えるのは50代だ。20代で１０００万円は海外赴任でもしないと貰えないだろう。

若いうちにたくさんお金があるから楽しいのであって、50代になってから数千万円貰っても面白くないだろう。


そんな優秀な人がそんなに努力してやっと貰える金額が、大学生ぐらいの年齢の人がうっかり起業して儲かってしまうことはよくある話だ。

いい大学、いい企業に行くと守りに入ってしまいリスクがとれない。

だから中卒や私のような中途半端な学歴のひとに抜かされてしまう。

リスクをとらないことこそが、リスクなのだ。

2/2

会社に利用されるな！利用しろ！

サラリーマンのいいところは安定してお給料が貰えるところ、大きなプロジェクトに関われることなどもある。ただ、私の考えとしてはあまりにリスクとリターンがあっていないような気がする。リスクが抑えられているからと言って、こんなにリターンを抑えていいのかというのが会社勤めだ。

その原因が法律など様々な要因にあるのだが、要はみなさん自身がリスクをよりとらないとリターンがないような仕組みになっている。そんなみなさんに、会社にいながら稼ぐ方法もあるのでいくつか実例を紹介したい。

武田塾の経理部長に吉田さんというおじさんがいる。今年で58歳のなかなかのおじさんだ。そんなサラリーマンのおじさんが昨年、年収が1200万円上がったのだ。年収1200万円になったのではない。プラス1200万円だ。もともとそれなりにあげていたので、おそらく2000万を超えているはずだ。

しかもよく考えたら、このおじさんは他にもビジネスをしているからもっともっとあるかもしれない。そんな中小企業のサラリーマンのおじさんが急に年収が上がった事例を紹介していく。

吉田さんは武田塾がＦＣ展開を始めた頃から経理部長をやっていた。その成長過程を全て見ている。さらに、前職は東進ハイスクール・東進衛星予備校を経営する株式会社ナガセ。東進ハイスクールのＦＣ展開のスタート時からＦＣの部署にいた人だ。東進も武田塾もＦＣの初めから見ていた男。なかなかの経歴である。

そして、さらに、林の会社の経理部長というのは、インパクトが強い。なぜなら林は、世間一般に金遣いが荒いと思われている。口座残高をＸに晒し、お金の減りの早さをアピールし、お金がないと追い込まれては新しいビジネスを始めている。そのイメージが強いので、そんな金遣いの荒い林社長の会社の経理を回していたというのはすごい腕なのだろうと思われている。

そこを私がＸや YouTube などで吉田さんを紹介し、「フランチャイズ本部の守りの部分をどうつくるのか」「銀行とどうやり取りをして、お金回りをどう整えるか」などの相談に乗ってくれる「吉田顧問制度」というのをつくった。料金は月10万円にした。すると、すぐにたくさんの申し込みがあり10社が契約。月収が10万円×10社で月給100万円、年収が1200万円アップした。

吉田さんの例は、実力があれば会社員でもお金持ちになれる可能性を示している。実際吉田さんは武田塾で働きながら、武田塾にFC加盟をし、鳥取校を運営している。その校舎も黒字のため、収入はもっとあるはずだ。

吉田さんのようにたとえバックオフィス勤務でも本人次第でフリーランスは可能だし、希望すればそれで起業することだってできるということだ。だから会社員であっても、その地位特性を生かし、稼ぐことが可能だ。

ただし、今回のように、急成長する会社を見極める力やSNSで正々堂々顔や経歴を晒していくことも時には必要だろう。

こうしたところで僕が上手いなと思うのが幻冬舎の箕輪厚介さん。箕輪さんも顧問制度を始め、おそらく副収入で1億円はあると思われる。でもそれは箕輪さんだからでしょ？　って思うかもしれないが、みんなも箕輪さんの本を読んだら、いかに戦略的にここまで来たかがわかるはずだ。みなさんも箕輪さんの本を読んで勉強してほしい。

そして箕輪さんクラスが目指せないと思ったら、吉田さんを目指そう。吉田さんなら、だいたいみんななれるはずだ。

2/3

奢《おご》られるな！
払え！

みなさんは奢ってもらえたら嬉しいだろうか。高級なご飯、高級な夜の街、高級なお買い物。１人分5万、10万、ときには１００万円単位のお会計、みなさんは奢ってもらえたら嬉しいだろうか。

おそらくたぶんきっと、みなさんは喜ぶと思う。こんな高価なものを……と、本当に感謝してくれると思う。だから私はみなさんからお会計をほとんど出してもらわずに生きて来た。すべて奢ってきた。それはすべてみなさんに喜んでもらいたいからだ。

その積み重ねが今の自分であり、奢ってきてよかったと思っている。奢ってこなければおそらく10億円単位のお金が手元にあったかもしれないとも言われるが、おそらくそんなことはない。

奢ってきたから現在があるのだ。

みんなに喜んでもらい、いいひとだなと思ってもらい、なにかお礼をしたいなと思ってくれている人が世の中にたくさんいる状態がとてもいい状態だ。なにかあってもいつでもみんな助けてくれる。実際に自分が困ったときに何度も助けてもらったことがある。

だからこそ、みんな奢られて喜んでいる場合ではないのだ。とにかくみんなに奢らないといけない。奢ってもらったら普通だ。奢る人にならないといけない。

では、林社長は奢ってもらえたらどう思うのか？　とよく聞かれる。私は奢ってもらえたらとても悪いなと思う。絶対自分の方がお金持ちだし、相手の方がお金がない。それなのに、高いお会計を払ってもらうと申し訳ない気持ちになる。ただ、実はめちゃくちゃ嬉しい（笑）。限界ぎりぎりまでお金を使っている私からすると、1回のお会計が浮くことは意外とでかい。

口座残高が200万円しかない時も、私は1回のお会計で50万とか100万とかの消費をしてしまう。そこで50万円出していただいたときにはもうほんと申し訳ない気持ちもあるけれども、めちゃくちゃほんとに助かる。

それはもちろん、できるだけ出させないようにはしているけど、みなさんが出したい！　と思っていただく時もあるので、その時は甘えさせていただいている。

そうすると、めちゃくちゃ嬉しいし、感謝する。だからそのひとのことを覚えやすいし、なにかお礼をしたくなる。

自分もそう思うので、私が奢らせていただいたみなさんもそう思ってくれる人がおり、いまの自分があるのだと思う。だから私はずっと奢ってきてよかったと思うし、みなさんもみんなに奢った方がいいと思う。

自分がされて嬉しいことをみんなにするということが人生の基本原則だと思う。

だからといって、奢ってやるという気持ちは絶対に持ってはいけない。

自分のために払わせてもらうのだ。

2/4

働くな！
遊べ！

みなさんは一緒にどんなひとと働きたいだろうか。どんなひとが経営する会社に入社したいか、どんな会社と取引をしたいだろうか。私は楽しいひとと仕事がしたい。一緒にいて面白くて、盛り上がれて、めちゃ空気が読めて、毎日楽しいひと、会社と一緒にいたい。だから自分もそうあれるように心がけている。

私はここには書けないような、毎日楽しいことをしている。仕事の仲間、取引先、新しくお会いした方、みんなに楽しんでもらいたいし、私も楽しみたい。そんな日々を起業からずっと約20年続けていたら、なにかこれが私のキャラとして定着してきた。

めちゃくちゃ楽しいことをしまくっていたら、なんとなく林は面白そうと思ってもらえて、一緒に飲みたい、ごはんに行きたい、遊びたいと思ってくれる人が増え、一緒に仕事をすることが多くなった。

なんとも私はラッキーなことに、毎日楽しいことをしていたら会社が大きくなったのだ。

みんなは今、会社を大きくするためだったり、出世するために一所懸命働いていると思う。でもそれは当たり前だったり普通で、それよりもまわりのみんなを楽しませること、一緒にいたいと思わせること、喜んでもらえることをした方がいいと思う。


じゃあなにをしたらいいのか。自分がしてもらいたいことをすればいいと思う。上司にどんなことをされたら嬉しいか。同僚、部下になにをされたら嬉しいか。それを考えてすればいい。

簡単なことだ。私は日々、周りの人にどうやったら喜んでもらえるかを考えている。完全にはできてないかもしれないが、できるだけ心がけている。

私の座右の銘は、長くて申し訳ないが「されて嫌なことはしない。されて嬉しいことをする」だ。

毎日、いろんなひとと楽しく過ごして、いいひとだなって思われる。その積み重ねがあなたのことを欲しいと思う社長さんがいたり、上司がいたり、クライアントが出てくるのだ。

さあ、みなさん毎日楽しく遊びましょう。上司部下同僚クライアントと遊びましょう。みんなに喜んでもらいましょう。そして自分も何より心から楽しみましょう。そうすれば何かが起きるはず。とはいっても仕事は忙しいし、そんなに遊んだら会社が傾きそうだし出世に響きそうだと思いますよね？　そう、だからみんな遊んでないし、働きすぎている。

現代の世の中はお金の稼ぎ方よりも使い方、遊び方、楽しみ方の方がわからないと言う経営者、社員が多い。みんなお金は持っている。そんなひとはたくさんいる。でもそれを効果的に楽しく使う方法がわかっていない人が多い。

私はまあまあお金持ちだが、どちらかというとお金の稼ぎ方よりも使い方の方が専門家である。お金を楽しく使う方法なら何でも聞いてほしい。

ん？　どんなことに使ってきたかって？　そんなの書けるわけないし、書いたところで武勇伝、自慢話のように聞こえるだろう。読者のみなさんと自然な形でどこかで出会い、いつか楽しく一緒に遊ぶ中で、流れの中で話すことはあるかもしれないがここで書くのは差し控えておこう。原稿を書く中で、何かをみなさんに伝えるために自然なタイミングがあれば、本の後半になにか1ネタぐらい書くかもしれない。

まとめると、毎日楽しく遊べ！　って言われても難しいですよね？　だからみんな働くことに逃げている。遊びから逃げるな。楽しく生きろ。それが次の章につながってくる。

2/5

SNS
伸ばそうとするな！
遊べ！

私は偶然、早い段階からＳＮＳを駆使してきた。武田塾チャンネルはもう始めて15年ぐらいだし、その前からブログをやっていたし、ＦＣチャンネルも始めてから8年たっている。

登録者は少なく、別に私は全く有名ではなかったが儲かってはいた。読者のみなさんも私のことを知ったのはここ最近だったり、長くてもここ数年ではないだろうか。約10年前から私のことを知っているという方はなかなか見る目がある。だがそれはかなり少数派だろう。道を歩いていて声をかけられるようになったのはここ数年の話だ。

ＳＮＳは登録者数が少なくても十分効果を発揮する。届けたい層にだけ届けば十分なのだ。たとえ再生回数が１００回の動画でも、それが「大学受験を考える生徒」だけに、１００人に再生されればその中で何人か入塾者が出てもおかしくないだろう。自社の強みを１００人の前で話しているようなものなのだから、そこからなにかが生まれるはずだ。

フランチャイズチャンネルもそうだ。フランチャイズに関することを、経営者１００人に再生してもらえたらなにかが起きる。これも経営者１００人に対してお話しさせていただいているのと同じ効果だからだ。

私は有名になりたいと思ってＳＮＳをやってきたわけではない。会社経営に非常に効果的だから、ずっとやり続けてきたのだ。

そのようにＳＮＳを活用する中で、自然な流れで岩井会長と出会い、「令和の虎」というチャンネルの立ち上げに関わり、初回から偶然出ていたらうっかり私の面白さが世の中にばれてしまったという感覚だ（笑）。

自分で自分のことをまあまあ仕事ができる方だと思っていたし、非常にコスパのいい人生を歩んでいるという自負はあったが、まったく有名ではなかったし評価されることもなかった。ただ、無名のお金持ちの楽しい人、そんな感じだったと思う。

令和の虎に出るまでと出た後では私自身は何も変わっていないつもりだが、世の中の評価が一変した。そのおかげで自分のやってきた会社の経営手法、判断方法などは正しかったのではないかと思うようになり、こんなえらそうな本も書かせていただいている。

SNSが伸びてより仕事がやりやすくなったし、なによりも自分の周りの人を幸せにできる力を得たと感じる。

私は岩井主宰やYouTuberのレペゼンさん、ヒカルさんのおかげでかなり有名になり、仕事がやりやすくなり、大きな利益が出たと思っている。とても感謝している。それと同じことが私が有名になることにより、私のチャンネルで多くの人が知ってもらえるので、私の周りの人を幸せにする力を得たと感じる。

そのため、私がもっと有名になることがみなさんを幸せにできることだと思って日々、身体を張ってYouTubeに出ている。先日はAV女優の方と5対5で1日過ごさせていただく中で、ビンタをされ、ジャグジーに落ちてしまった。

また別の日はフィリピンのオカダマニラで、カジノで数百万失い、じゃんけんに勝ったおかげで数百万の買い物をお会計させていただき、１旅行で１０００万円以上失わせていただいた。

すべて周りの人を幸せにする力が欲しくてやっている。


みなさんもＳＮＳを更新し、できるだけ伸ばした方がいいと思う。ただ、伸ばそうと思って伸びるものではないのだ。毎日楽しいことをしているからこそ、ＳＮＳのときにその片鱗《へんりん》が出せ、ＳＮＳが伸びるのだ。

ＳＮＳをやっているときだけ、撮影の時だけ面白いことなんか言えない。日々、面白く楽しく生きているからこそ、視聴者にそれが伝わるのだ。

経営のためにＳＮＳをやるのならば、そのＳＮＳを伸ばすために急いで遊ばなければいけない。みなさんの最重要タスクは遊びである。

2/6

サラリーマンがリスクだ！独立しろ！

私にまあまあお金持ちだと思っている。自分の父は悪くない会社のサラリーマンであったが、おそらく、父が新卒から定年までの一生で稼いだ金額は私の年収ぐらい、いやむしろ今年は半年分ぐらいだった？　という感じである。

今では私の会社に入社し、会長という名刺を持ってゴルフをし、経費が私の会社に回ってくるという楽しい生活をしている。親の会社を継ぐという話はよくあると思うが、私は逆に親を雇って面倒を見ている。我ながらいい息子だと思う。

ちなみに兄もニートなので実家にいるのだが、月々30万円振り込んでいる。話はそれたが、同じ家族なのに、なぜこうも収入が違うのか。

また、私の同級生に東大も早慶もいるし、世の中にはすごく優秀なサラリーマンの方もたくさんいるのになぜ私がこんなに稼いでしまっているのか。これは日本の法律、制度が悪いと思っている。

日本の制度は従業員をクビにしにくい。なので、採用が慎重になる。いったん大きな会社を辞めたら再就職できないのではないかと考える人が多く、いまだに長く一つの会社に勤めようとしているひとも多いのではないだろうか。

また、日本の会社の制度はクビにしにくいだけではなく、お給料を下げにくい。上げることは簡単なのだが、上げたら下げにくい制度なのだ。こう書くと反論もあるかもしれない。

クビにもできるし、下げることだってできるという声も聞こえてくるだろう。ただ、私の実感として、多くの経営者の実感としてそれは難しい制度、文化、雰囲気なのだ。そのため、下げることができないんだから上げにくい。

もし、お給料を下げやすかったり、クビにしやすかったら、上げやすい。経営者にしかわからないと思うが、経営者には共感してもらえるだろう。サラリーマンの方にはどう理解していただけばいいか難しいが。

そのような制度のため、お給料は上げにくいし、会社に合わない人でもクビにしにくい。だから、優秀な人のお給料は上げにくいので低めになり、あまり優秀じゃないクビにしたいようなひとはクビにできない。

つまり、優秀な人が本来貰えるべき高めのお給料が抑えられ、いまいちなひとのお給料に回され能力以上の金額を貰っているという構図になる。

これはある一定はしょうがないのかもしれないし、社会にはそういう面も必要だと思うが、あまりにそのバランスが崩れているのが日本社会なのではないだろうか。

そのバランスのおかしさを感じ、「サラリーマンという安定を捨てるリスクをとり、普通にフリーランス・個人事業主・一人株式会社として業務委託契約で働く」という決断をしただけでお給料が上がる人がめちゃくちゃいると思う。

実際に私の周りにもめちゃくちゃちゃいる。なぜなら、業務委託になった瞬間に、対価を上げることも下げることも契約を切ることも簡単になるからだ。そうすればだいたいのひとが上がる。フリーランスになって、会社員時代の給料より稼げなくなったという人を私は一人も知らない。

私の父や兄は「業務委託で働く」というその一点をしてこなかったのだ。私の父は会社の営業成績の記録ホルダーらしい。それなりに有名な証券会社なので、もし、独立していたらとても稼いでいた可能性も感じる。

ただ、私たち兄弟を手堅く育てるためか、絶対にフリーランスや歩合制の給与体系を選ばなかったそうである。

私なら独立したと思う。実際に私は大学1年次に起業をしている。兄は1社勤めた後、独立することなく、実家でずっとゆっくりしている。

みなさんもリスクはとりたくないと思う。安定しているに越したことはないと思う。ただ、リスクとリターンがあまりにもあっていないのではないかと、感じることがある。

独立したほうが圧倒的に稼げる人、めちゃくちゃいる印象だ。ただ、そういう方がいるおかげで、私が経営する会社にも多くの優秀なサラリーマンがいてくれる。感謝したい。

2/7

給与交渉するな！
Xしろ！

会社員のみなさん。「もっとお給料を上げてほしいな、もっと稼ぎたいな」と全員思っていると思う。その気持ちはわかる。じゃあ、社長にそれを交渉するのか。私は給与交渉してくる社員は勇気があっていいと思う反面、ちょっと空気が読めないな、とは思う。

なので、給与交渉を社長にするのは、たぶん違うと思う。給与交渉をする前に、Xをすべきだと私は考える。は？　給与上げるためにX？　と思うかもしれないが、まあ、落ち着いて聞いてほしい。

社長の立場になって考えると、どんなひとのお給料を上げたいと思うだろうか。仕事をとってこれる人、採用できる人がやはり一番お給料を上げたいと思うはずだ。例えばあなたが勤めている会社の強み、特徴、素晴らしさ、働きやすさなどをXで発信していたとする。そういうことをしていると、社長は嬉しい。自分ではアピールしにくいところも書いてくれたりすると助かる。

そのＸからもしお仕事がとってこれたら……それもとても嬉しい。魅力的な会社だと思って採用につながったらそれもとても嬉しい。こういう社員はお給料が上がると思う。そして、そんな社員はたぶん、他の会社からも声をかけられるはずだ。

これを極めた形が田端信太郎さんだ。ＮＴＴデータ、リクルート、ライブドア、ＬＩＮＥに行き、そこから前澤友作さん率いるＺＯＺＯが引き抜いた。田端さんの実力も当然あるが、Ｘの発信がこの華麗なキャリアにつながったと多くの人が思っている。

自分から給与を上げてとお願いするよりも、こんなステップアップの仕方こそ、サラリーマンの手本とすべき生き方の一つではないだろうか。

そして別に転職する必要はないと思う。各社から引き抜きのオファーがあったら、それを自然な形で上司なり社長に報告してもいい。言い方さえ間違えなければ、それだけ必要な社員だと思われているんだということで昇給につながるかもしれない。

どんな社員だったらお給料を上げたくなるか。他社からも欲しいと思われるか。それを考えて実行すればいい。ちなみに日本の給与制度は上げやすく下げにくい。そしてクビにもできない。


そのため、経営者の立場としては給与を非常に上げにくい。そこはみなさんわかってほしい。そして、給与を上げる必殺技は「業務委託契約にしませんか？」ということだ。そうすれば社長は給与となる対価を柔軟性をもって変更できるし、様々なメリットが互いに生まれる。

勇気のある人はこの方法を詳しく調べた上で試してみてほしい。会社に言われたことだけをやっているようではお給料は上がらない。雇っている側である相手の気持ちになって考え、行動してほしい。

2/8

しゃべるな！
聞け！

「もっと上手に話したい」とみなさん思うだろう。でも、それはなかなかに難しい。だから、まずはしっかり相手の話を聞く力を身につけた方がいい。

それは「話す」よりも難易度が低いし、その割にとても喜ばれるし、意外とニーズがある。意見は分かれるかもしれないが、「話す」と「聞く」ではみなさんどっちが好きだろうか。おそらく、「話す」が好きなひとの方が多いだろうというのが私の感覚だ。

そのため、みんな「話したい」わけだから、本書で何度も書いているように、相手の立場になって考えると、我々はどちらかというと「聞くべき」なのだ。みんなが話したいから、聞く。

みんなに喜んでもらえるように行動すべきというのが基本原則だというのが、本書でだいたいなんとなく伝わってきただろう。そのため、私は「聞く」べきだと考える。

少し話がそれるが、私の好きな言葉にビートたけしさんの「友達」という詩がある。

引用させていただくと、

困った時、助けてくれたり
自分の事のように心配して
相談に乗ってくれる
そんな友人が欲しい
馬鹿野郎、
友達が欲しかったら、
相談に乗り
心配してやる事だ
そして相手に何も期待しない事

これが友達を作る秘訣だ

というものだ。ここに本質が詰まっていると思う。自分にこんな友達が欲しいなと思うなら、そういうひとにまず自分がなるといいということ。その応用編で、自分はどうされたら嬉しいかを考え、行動すべきだ。

話を元に戻すと、たぶん、世の中は話を聞いてほしいひとの方が多い。自分もそうだとするなら、どんなことを聞いてほしいだろうか。

自分に興味を持ってくれたり、過去の苦労や努力してきたこと、わかってもらいたいこと、これからやろうとしていることなど、聞いてほしいことはたくさんあるのではないだろうか。

自分の聞いてほしいことを熱心に聞いてくれ、考えてくれ、寄り添ってくれる人がいたら嬉しいはずだ。だから、そういうひとになればいい。

また、みなさんが話を聞きたいタイプなら、どんな話を聞きたいだろうか。

長い話や自慢話、わかりにくい話は聞きたくないだろう。短くて面白くてためになる話がいいのではないだろうか。だから、あなたもそういう話をできるようになればいいいんだが、それはとても難しい。

まずは聞き上手になり、どんな話が聞いていて心地いいかを感じ、その先に話をうまくする努力をすべきだろう。

2/9

営業するな！
歌舞伎町で
一緒に遊べ！

私がつくった武田塾は全国に400校舎ある。1校舎つくるのに1000万円かかるのだが、すべてFCオーナーにお金を出してもらい、リスクをとってつくっていただいた。

私は1円も出さずに、合計40億円ものお金を出していただき、全国展開に成功した。本当にFCオーナーには感謝している。では、私はどのようにみなさんに武田塾をやりたい！　と思ってもらえたかというと、営業は一切していない。一般的な営業は「いかに武田塾が素晴らしい塾であり、収益性が高く投資すべき対象か」を話していくと思う。

もちろん、武田塾が素晴らしい塾だというのは自然な形で伝えるのだが、儲かるからやった方がいいなんて1回も言ったことがない。みなさんに「武田塾をやってみたい」と思ってもらえるように努力してきただけだ。

これも逆の立場になって考えればわかる。どんなビジネスなら一緒にしたいか。

まず、柄にもないことを言うと思われるかもしれないが、一番大事なのは「理念」だ。私は武田塾が心から、日本で一番いい塾だと思っているし、一番成績が伸びるし、教育業界にある様々な問題点を解決する塾であると考えている。

簡単に言うと、教育業界で詐欺まがいのことをしている塾・予備校は多く、成績も伸びないところが多い。日本で一番大きな予備校の合格実績はいわば虚偽であり、お金を払う生徒は合格しない。

その詐欺被害に遭ったと考えた私が、本当に伸びる塾をつくった。その塾の生まれた経緯であり、理念であり、どんな世界を実現したいかを含めて多くの経営者の方に共感してもらえたから多くの金額を投資していただき、経営に参画していただけたと思っている。

理念が一番大事だ。

次に収益性と再現性だ。どんなにいい塾でも、収益性が高かったり、他の人でもできる仕組みじゃないとみんなやりたいと思わない。


私の塾はどの塾よりも成績が伸び、最も効率的ないい塾だと思っているし、それで他の予備校よりも手厚くさらに値段は同じぐらいという見事な塾だと思っている。それでいてしっかり収益も上がるのは、ＳＮＳ戦略、ＷＥＢ戦略などが優れているからである。他の塾がやっているような、もともと成績のいい生徒を無料で通わせて、その経費を頭の悪い生徒に負担させるなどという無駄な構造をとっていないからだ。

再現性も高く、塾業界の経験者だけでなく、様々な業界の人が上手に武田塾を経営してくれている。

というわけで、武田塾は優れた塾なので、そこに加盟、投資してもらうために、「いかに武田塾はすばらしい塾なのか」「理念、収益性、再現性」について熱くみんなに伝えていたから広がったのかというと、そうではない。そんなもの熱く語ったことはない。第一、そんなもの語られてもみんな困るだろう。

いかに自分のやっているビジネスが素晴らしいか、延々語られたら、どんなに素晴らしいものでも素晴らしくなく感じる。だから私はそういう塾を経営しながら、みなさんとひたすら遊んだ。

新宿を中心にオーナーさんなどと毎日のように飲んでいた。そうすると同じ業界の人、違う業界の人がみんな交ざり、なんか塾のオーナーさんが毎日飲んでいるなという感じになった。

当然支払いはすべて私がした。そうしたらみんな思うだろう。なんでこの人たちこんなに飲んでいるんだと。そうすると興味を持って聞いてくれる。どんな塾なんですかと。

そこで答えたら普通なので、私はだいたい答えなかった。それでも3回ぐらい熱心に聞かれたときだけ、どんな塾かやや説明した。歌舞伎町で生まれた武田塾は100校舎を超えると思う。私は戦略的に歌舞伎町に行っているのだ。

営業するなんて普通だ。一緒に楽しく遊ぶことが大事だと思う。

2/10

早起きするな！昼まで寝ろ！

本書を読み進める中でだんだんわかってきていただいたと思うのが、

・相手の立場になって考えること

・一般的ではないことをすること

がわかってもらえてきたと思う。どんなひとと一緒にいたいか？　に想像を巡らせたり、就活はしないなど、普通はしないような選択肢を選ぶことが大事なのがわかってきてもらえたと思う。

そこで、一般的にはどちらが推奨され、林はその逆を推奨するというパターンがわかってきたころだと思うので、以下の事例で予想してもらいたい。

A　朝早起きして仕事をし早く寝る

B　深夜まで遊んで昼まで寝てから仕事

このどちらを林は勧めるのか。もちろんＢである。

朝早く起きて仕事するなんて、普通過ぎてイケてない。年収８００万円が限界だろう。

そんなことを聞いてもみんな、

「そんな昼まで寝るなんて無理だ！　朝から仕事がある！」

「そんなんしたら体がもたない！　第一、会社が傾く！」

とか思うだろう。そう、みんな遊べない。

だからこそ、遊べるようになったらすごい人になる。だからめちゃくちゃ努力して遊ぶようにすべきだ。そうしただけで、圧倒的な差別化を図れる。

では、どうやったら昼まで寝られるか考えてみよう。

まず、アポを昼以降に入れる権利と権限が必要だ。

それだけ仕事で結果を出し、自由を得なければいけない。社内で結果を出したり、フリーランスになる、独立するなども手だ。

次に、夜の遊び相手が大事だ。お金持ちやインフルエンサー、なにかわんちゃん仕事につながる可能性のある人と遊ばなければいけない。そうでないと、会社からも従業員からも認められないだろう。ただ、その遊び相手に営業はしてはならない。ただひたすらその場を盛り上げ、自分自身楽しまなければいけない。矛盾しているようだが、仕事のため、営業のために遊ぶひとは要らない。

ただ楽しいから遊んでいるのだ。なにも生まれなくてもひたすら遊ぶ。その先に何かが起きるはずだし、なにも起きなくてもその時はその時だ。

そうしているとなにかが起きる。その場じゃなくても、時間がたった後かもしれないし、翌日の昼かもしれない。なにかが起きるからまあ、とりあえずひたすら遊ぶのだ。

そこで会社が傾いたらそれはそれでいい。そうしたらもっと追い込まれて、どうにかしようとして自分自身が成長するはずだし、今後の人生のネタになるはずだ。

そんなこと言って、お前はどうなんだと言われそうなので、あまりこういう話はしたくないのだが、自分の経験をお伝えしたい。


24歳のとき、しゅうさんという先輩に出会った。その先輩は私のことを気に入ってくれ、毎日のように六本木、西麻布、銀座と連れまわしてくれた。

とてもお金持ちで人脈も広く、毎日俳優、歌手、芸人さんなどと飲ませていただき、大変刺激的だった。ただ、その先輩もみなさんのイメージしているような優しい先輩ではない。簡単に言うととても怖い。まるで反社会勢力かのような雰囲気を醸し出し、まずあまり人は近づかないだろうという感じ。

着信があって折り返しが遅いと怒られる。お礼のメールが遅いとそれも怒られる。

そしてさらに常に割り勘。呼び出し、飲みに誘ってくれるのはありがたいのだが自分の分は自分で出すスタイルだ。私は「もうお金ないですって！」と何度も伝えたが「あるやろ」の一点張りでわかってもらえない。

毎日のように飲みに誘ってくれるのだが、さすがに仕事に支障をきたすようになるが、それでもわかってもらえない。合コンに「もう会社潰れそうですって！」と言いながらノートパソコンを広げながら参加したこともある。

スーパー怖い先輩に割り勘で呼び出され、怒られながら、そして当時一緒に暮らしている女の子にもブチ切れられながら、ひたすらその飲みに参加していたからこそ、そこらへんの経営者では経験できない体験ができ、それがその後の様々な部分に活きたと思っている。いつかみなさんと会う日があれば、当時のエピソードを具体的に話したい。

というわけで私も毎日歯を食いしばって、会社が傾きそうになりながら遊びをがんばった。みなさんもがんばってほしい。

2/11

英会話に行くな！　バク転習え！

朝活なんて普通過ぎる。そして会社の出世にTOEICの点数が必要で英会話を習うなんて言うのもマジで普通過ぎる。

私の周りには英語を話せなくても年収数千万円のひとはたくさんいる。英語よりもやるべきことがあるはずだ。そのうちのひとつが「バク転」だ。

私はフランチャイズ展開を応援するお仕事をしているのだが、その支援先の一つに「バク転パーソナル教室」というところがある。バク転なんて習う人いるのか？と思う方もいると思うが、なんと全国に26教室あり、さらに流行《はや》っているところは年商5000万円を超える教室もある（2024年10月現在）。

バク転を習いに来るのは、ダンサーさん、チアリーディングのため、旧ジャニーズのオーディションで有利になるためなど、様々な理由がある。ただ、ごく普通のサラリーマンが「バク転ができるようになりたい」と通っているひとも多いらしい。

私はそのサラリーマンたちに賛辞の言葉を送りたい。いろんな習い事がある中で、よくバク転を選んだ！　感動した！　そのサラリーマンはめちゃくちゃ出世するのではないかと私は予想している。

高学歴も当たり前、英語が話せるひとも多い、そんな世の中であえて意味なさそうな「バク転」を選ぶところにセンスを感じる。

しかもバク転なんてなかなか披露する機会はないだろう。それなのにバク転を習いに行くとは……。センスしか感じない。そのバク転を習おうと思うことや、さらに、いつかなにかの機会でバク転を披露した時の効果はなにかが起きるかもしれない。

むしろ、なにかが起きない可能性の方が高い気もするが、そういう人こそ様々な行動が差別化が図られていて、なにか結果を出すのではないかと思う。全国のバク転を習ってできるようになったひとは、林関連の会社に優先的に採用したいぐらいだ。

意味があること、リターンがありそうなことばかりをやってはならない。

みんなが行っているから行くとかイケてない。

意味のないことに意味があるのだ。

英会話行くぐらいならバク転教室に行け。

第3章

ビジョン——お金より大切なこと

3/1

採用するな！ 発注しろ！

「優秀な人材が欲しい」経営者ならそう思うだろう。

ただ、残念なお知らせがある。優秀な人材はあなたの会社に入社しない。それはあなたの会社がイケてないからではない。もう優秀な人材は独立しているからだ。

私がこのように本に書いている話は、過去にＳＮＳで発信したことがある内容も多い。ＳＮＳの重要性、差別化を図る重要性など、過去に様々な媒体で発信している。そのため、サラリーマンでは未来はない。業務委託契約で働け！　などというのは何度も話しているので、もう優秀な人はその事実に気づき、独立している。

林が提唱したい説は「優秀な人もうすでに独立している説」だ。だからもうあなたが求める優秀な人はリクナビネクストやビズリーチには存在しないし、入社もしない。

だが、ひとついいお知らせもある。入社はしなくても働いてはもらえるのだ。優秀な人材は個人事業主なり、一人株式会社のような形ですでに独立している可能性が高い。そんなひとに業務委託で発注すれば、自分の会社で働いてもらえる。

優秀な人に自分の会社だけに入社してもらおうなんて、そんなおこがましいことを考えてはならない。あなたの会社が世界を変える壮大なスケールのビジョンをお持ちなら、わんちゃんある。おそらくそこまでのビジョンは掲げていない、ある業界のニッチな会社の社長さんだったりするに違いない。


なら、優秀な人材が経営しているスモールな会社に業務委託という形で発注しよう。変な人材を雇って失敗するぐらいなら絶対にそっちの方がいい。

「広告運用ができる社員が欲しい」「ＳＮＳ運用を任せられる社員が欲しい」そんなの無理だ。むしろ、そんな社員が来たらおかしい。なぜそんなことができるのに独立していないのか。ごくまれにそういう人材も存在するが、そんな人材の獲得競争に名乗り出るとかなりの出費を強いられる。

それぐらいならそういう会社に業務委託で発注すればいい。このような経営者の悩みに答えているのかストックサンであり、シュビヒロである。

まず、ストックサンは優秀なフリーランスがたくさんいて、会社で必要な部分だけ、優秀な人材に外注できる。ＷＥＢマーケティング、広告運用、デザイン、システム開発など、様々なプロが在籍しているので、相談すれば適切な人材を紹介してくれる。でも、それなりのお値段はする。

その廉価バージョンで、大学生を中心に組織されているのがシュビヒロだ。シュビヒロは守備範囲が広いということから社名がつけられており、なんでも対応できる。現代の若者は大学生でもＨＰでもＬＩＮＥ構築でも結構何でもできるのだ。

ただ、社会人経験は浅く、大学のテスト期間は納期がほぼ遅れる。そんな会社だから格安だ。

しっかりとしたフリーランスが良ければストックサンへ。多少事故ってもいいから安い方がいいならシュビヒロがお勧めだ。よかったら検索してみてほしい。みなさんの欲しい人材にやってもらいたい仕事が、業務委託契約で発注できる。優秀な人材はなかなか採用できない。発注しよう。

3/2

弱点隠すな！
晒せ！

本書で何度か登場している『林顧問制度』。経営者と月に1回、個別で1時間お茶し、様々な悩みを聞いたり、作戦を立てたり、XやYouTubeでその会社を紹介して売り上げアップを図っている。

顧問料は月50万円なので、なんとか、年間顧問料の600万円分は利益を絶対上げさせたいと心では思っているが、当然、いつも私は「絶対600万円分の利益を出します！」なんて言わない。ここまで本書を読んできたみなさんならわかると思うが、私は顧問契約時に必ず「うっかり600万円、無駄になっても構いませんか」と確認をしてから契約している。

そんな林顧問制度の顧問先に、南山さんという内装業者さんがいる。いつも緊張していて、口下手で、恥ずかしがり屋でいつもマンガのように汗をふきふきしている。話もそこまで盛り上がらないし、失礼ながら容姿もイケてる方ではない。

ご本人も美容整形外科に相談に行ったことがあるらしく、まぶたの二重手術を申し込んだら、「これは二重にはできません」と断られたぐらいの生粋の一重。しかし、そんな感じなのに林に月50万円、ぽんと払えるということはそれなりに儲かっているのである。

話を聞くと、超有名チェーン店の工事をやっていたり、あのスーパーハイブランドの内装も手がけている。では、その実績を前面に出せばいいと思うのだが、実はそれができない事情がある。なんと南山さんの会社は「四次請け」なのだ。

まず、仕事をとってくる窓口となる一次請け。その会社が工事をしないので、二次請けに投げる。その二次請けが三次請けに投げ、その先にある「四次請け」が南山さんの会社だ。だから、工事費は中抜きされまくっており、工期は厳しく、立場は弱い。そしてなにより、元請けの実績となるので「この工事をした」と言えない。

まさに見た目、キャラ通りの厳しい状況。それでも信頼と腕がいいため、なんとか工事を貰っているがそこまで儲かってはいないという話だった。

そこであえて、私は顧問の時間でこのように申し上げさせていただいた。

「社名を『株式会社だいたい四次請け』にしたらどう？」と。

その狙いは、スーパー有名ハイブランドの内装をやっているぐらいだから、腕は確か。そんな四次請けの会社に直《じか》に発注できるとしたら……。これはお客様が魅力に感じるのではないかと提案したのだ。

普通の会社に発注したら、3回中抜きされたのち、南山さんの会社に発注され、結局南山さんが工事をする。それならば直接やってしまえば中抜きされず、直《ちょく》で南山さんとやれる方が安価でいい店舗ができるイメージがわいてくると思うのだ。

この話を南山さんにしたらすぐに賛同してくれ、翌週には名刺に「だいたい四次請け」と書いてあった。その名刺を配ると経営者に対して笑いをとりつつ発注も勝ち取り、さらに、私のYouTubeやXで紹介すると案件がたくさん。

とくに私が支援している「H&F　BELX」という大きなハーブティーのチェーン店の社長さんから、「YouTubeを見させていただいた。南山さんのような誠実な方と仕事がしたい」と名指しで指名が入った。まさか、四次請けの辛いエピソードが逆に売りになる日が来るとは南山さんは思ってくれているらしい。

ピンチはチャンスであり、弱点は強みである。

隠したって仕方がない。自社の弱みをネタにするべきだ。

3/3

身近はだめだ！
金持ちに
相談しろ！

「なんかいい新規事業はないものか？」「この事業、どう運営すればいいんだろう？」そんなことで社内で募集をかけてみたり、コンペを開いたりしてみても、社内でいいアイデアなんて出るわけがない。そんな利益が出る新規事業のアイデアが出せるほどの人材ならば、もう独立しているはずだ。

私の場合、こうした時にどうしているかっていうと、社外のお金持ちに相談するようにしている。相談するなら相手は私よりずっと年収の高い人、スーパーお金持ちの社長さんなんていうのが理想的。

私は「お金は大人の通信簿」だと思っている。その人が生きてきた中で、日々の判断や行動が正しかったから、自分より収入が高くなっている。年収が低いということは、もちろん絶対ではないが、何かしら判断を間違えたり、行動が伴わなかった人ではないだろうか。

年収の高いひとは、判断力に優れ、行動力があり、みんなにそれだけの対価を貰えている必要な人だという証明だ。だからこそ、相談相手にふさわしい。

極端なことを言えば、みなさんが会社員だったとしよう。そのとき、転職するかしないか悩んだ時、同僚や同級生に相談しても普通の回答しか出てこない。その場合はお金持ちなり、もっと社会的に成功している人に相談しないとより優れたアドバイスは貰えないだろう。

年収500万円の同僚や同級生10人に相談し、10人全員が転職を反対しても、年収1億円の社長が独立をすすめたら独立すべきなのではないだろうか。1人1票の10対1ではなく、5000万円対1億円として判断したほうがいいのではないだろうか。

話がそれたが、社内に相談してもなかなかいいアイディアは出ない。私も悩んだ時は社外のすごいひとに相談している。私も昨年の夏、さすがに遊びすぎて、自分を追い込みすぎて生活が本当に苦しくなった時がある。

その時に令和の虎やヒカルさんのチャンネル、動画編集ＣＡＭＰで有名な青笹寛史社長に相談した。彼は私ほどお金はないが、年間で数億円単位の利益を出している、私の12個下の若者だ。

年齢に対しての稼ぎは最大なので、私が相談するに値する男だ。そんな青笹さんにそのまま相談してみた。「お金がなくて生活が苦しいんだけど、どうしたらいいかな。なにか新規事業のアイディアはないかな」と。そうすると青笹さんはこう言ってくれた。

「自分の友人の迫くんが顧問制度を始めてすぐ稼げた。自分も実験的にやったらすぐ申し込みがあった。林社長ならすぐ集まるんじゃないか」とアドバイスがあった。

そこで生活が苦しかった私は即Ｘに投稿する文章案を作成し、青笹さんに添削してもらい、どのような申し込みフォームにするか、どう面談するかすべて習い実行した。

するとどんどん申し込みがあり、1年を経たずして契約・入金者数は50名を超えている。第1章でも記したが、月に1回、1時間のお茶で月額50万円なので、月商はそれだけで2500万円。年商は3億円だ。

ただし、すべて利益になるわけではない。お茶代はすべて私が負担させていただいているので、3億円すべてが利益ではないということはここにあわせて書いておく。ただ、本当にこの3億円は大きく、他にも青笹さんにはもう1億円稼がせていただくアイディアもいただいており、本当に感謝している。

まさに社外のお金持ち、すごいひとに相談したら素晴らしい解決策が出てきた典型例だ。

みなさんも身近なところで相談して、傷をなめあっている場合ではない。

社外のお金持ちに相談し、その意見を実行しよう。

3/4

SNSはリスクがある！だからやれ！

ＳＮＳはリスクがあるため、避ける個人も企業もある。大企業や老舗企業、会社としてもあまり力を入れなかったり、炎上を恐れ社員に顔出しのＳＮＳを禁止しているところも多い。ただ、だからこそチャンスなのだ。

例えば採用。サイバーエージェント、リクルート、ソニーとか……すごい有名なところはかまわない。勝手に応募が殺到するからだ。ただ、人気企業ランキングを見ると、１００位までならほぼ知っている企業が並ぶが、２００位などの会社になってくると知らない企業が多い。

その業界でトップであったり、有名企業であったり、有名なサービスを持っていれば採用はなんとかなる。一番ピンチなのは、そこそこ大きくて、ある分野ではめちゃくちゃすごい会社なのかもしれないけど一般的には知られていなくて、うっかり上場しているもんだから、コンプラとか厳しくてYouTubeとかTikTokとかでそこまで攻めた企画ができず、普通のものしかできない……みたいな会社だろう。

そのため、業界3位の大企業が選べないＳＮＳ戦略を、業界20位の非上場中小企業がどんどん仕掛けることができる。

うっかり3位の会社よりも20位の会社の方がＳＮＳが伸びちゃって、３位の会社の社長さんは知らないけれど、20位の社長さんは知っているという珍現象が起きる。優秀な人材がうっかりTikTokを見てたりしていて、うっかり間違えて、20位の会社の方に入社してしまう。

でも実際、３位の会社よりも、20位の会社の方が自由度が高くてＳＮＳリテラシーも高いからイケてる会社になってるから楽しくてどんどん伸びて、気づいたら３位の企業と数年で年商規模、利益規模が肉薄している……そんなことを起こせる。

実際にＳＮＳの力で、旧態依然とした大学受験業界で武田塾よりも大きいところは河合塾、駿台、東進しかいなくなった。

気づけば4大予備校のうちの一角を占めた武田塾。すべて、創業は何十年も先輩の会社ばかりである。ちなみに、駿台、河合塾は校舎数では抜いている。ひょっとすると駿台の年商も抜いているかもしれない。

一代で築いた会社の割に頑張っている方であろう。これは間違いなくSNSのおかげだ。

たしかに真の大企業、有名企業、有名サービスを持っているところは安泰で強い。ただ、逆に中途半端な大企業の凋落《ちょうらく》が加速していく時代になる。SNSを自由に使いこなせず、コンプラや規制にしばられ、時代に取り残される可能性が高いからだ。

SNS戦略を自由にできる非上場中小企業、オーナー企業が強い。それを使いこなし伸ばさないといけないし、入社する側はそれを見極めて、伸びる企業に入るべきだ。SNSにはリスクがあるから、チャンスがあるのだ。

3/5

VC行くな！
虎に出ろ！

起業をするなら、まずはいろんなひとに出資してもらうことを考えるだろうか。知り合いから出してもらう、エンジェル投資家から出してもらう、いろんな方法があるが、そのうち代表的なものが「ＶＣ（ベンチャーキャピタル）」からの出資を受けるというものだろう。

上場してイケてる会社さんの資本にはだいたいＶＣの資本が入っているし、ＶＣ界隈がやっている派手なイベントがあったり、なんとなく、いくら調達したとか、どこのＶＣにいれてもらっているなど、すごい感じがする。

ただ、私はＶＣによる資金調達には反対だ。もちろん絶対ではない。例外もある。ただ、多くのひとは「ＶＣから資金を入れなければよかった」「入れたことによって自由を奪われた」などの話をよく聞く。その後悔の理由をいくつか紹介していこう。

まず、一般的なＶＣはお金持ちからお金を集め、そのお金をＶＣの担当社員が窓口となり、さまざまな打ち合わせをしていく。その担当者から「数字はどうなってる」「コンプラはどうなってる」などの確認をされるわけだが、正直、担当社員は起業経験もなければお金持ちでもない。お金持ちからお金を預かっている立場だから、その本人たちは何もすごくない。なのでいろんなことを言われても刺さらないらしいのだ。

　またこれも担当者たちの起業経験がないことに起因するかもしれないが、別にその担当者のおかげで会社が大きくなることはない。もちろん、様々な企業を紹介してくれるかもしれないし、できることもしてくれるかもしれない。ただ、ＶＣのおかげで会社が大きくなったという話はあまり聞かない。

　資金を入れ、しっかり管理される、いろいろ言われるとのことだ。しかも、ＶＣチームは「コンプライアンス」に非常に厳しいため、基本的にはＳＮＳはＮＧだ。ＳＮＳに頼ることなく、一般的な広告で会社を大きくしなければならないため、私からするとかなり無理ゲーだ。ＶＣには、みなさんの想像以上にいろいろと問題があると言っていい。

では、どうやって起業資金を集めればいいのか。そんなあなたにお勧めしたいのがYouTube番組「令和の虎」だ。どんなYouTube番組かというと、５人の社長に対しビジネスのプレゼンをして、社長がいいと思ったらお金を積んでくれる。その積まれた金額が希望する金額に到達するとそのお金を持って帰れるのだ。

私はこの番組に出続けておそらく3億円は積んでいる。志願者がお金を持って帰れる可能性は約50％。ＶＣから出資してもらえる可能性より圧倒的に高い。たしかにビジネスYouTubeなので、出資されなかったり、社長さんたちにボコボコに言われたり、デジタルタトゥーが残ったりする可能性もある。

しかし、リスクのないところにリターンはない。リスクがあったとしても、50％

の確率で数百万円、時には数千万円単位の出資、融資が約1時間の中で決まるというのはとてもとてもすごいことだろう。それに令和の虎に出ている起業家は本人がちゃんと稼いだ起業家であるため、いろんなことを言われても説得力があると思う。

そして令和の虎、最大のメリットは「いきなり100万人超えのYouTubeチャンネルでサービスを話せる」ということだ。例えば新しい飲食店をオープンするというビジネスモデルでも、いきなりお店の宣伝ができる。これは大きい。

どんなビジネスだって認知させる、広げるのが大変なわけだ。お金も貰え、多くの人に知ってもらい、そしてちゃんとした起業経験者にアドバイスを貰えるというのはとてもメリットの大きい番組ではないだろうか。

滅多にお金が出ず、有名にもならず、サラリーマンからいろいろ言われてしまうVCから資金を調達するより、令和の虎に出るべきだ。

3/6

雇うな！
お金を貰いながら
手伝ってもらえ！

３／１の項で「優秀な人はもう独立している。採用できない。業務委託で発注しろ」という話を書いた。今回はさらに踏み込み、とても優秀な方に事業を手伝っていただき、さらにお金を払うことなく、なんならお金を貰いながら手伝ってもらうこともあるという謎の話をさせていただこう。

ＦＣの仕組みは、ＦＣオーナーさんに「武田塾をこの地域でやってみたい」と思っていただき、お金を出してもらい、人も提供していただく。まず、この時点でなかなかあり得ない話だと思う。本来は直営で１軒、新規出店するのにかかる１００万円を、自分ではないほかの方が出してくれる。

そして力も貸してもらえる。こんな話があっていいのだろうか。さらに、加盟金という、ビジネスの権利金のようなものも１軒につきいただける。私は全国に４００校舎をＦＣオーナーさんのお金で出していただいただけでなく、合計で約10億円の加盟金もいただいた。１円もかからず全国展開しただけでなく、むしろ10億円貰っている。謎は深まるばかりだろう。

そして加盟校が増えると、各校舎がしっかり回っているか、チェックする部隊が必要になる。それを一般的にSV（スーパーバイザー）と呼ぶ。SVは様々な店舗の悩みを聞いたり、問題点を解決したり、赤字の店舗を黒字にするために頑張ったりするお仕事だ。そのためとてもレベルが高い人しかできない、難しい仕事になる。ただ店舗を運営するだけでなく、人様の店舗の問題発見、改善などをしなければならず、経営的観点が必要で、採用するのが難しいお仕事だ。


そんな仕事を武田塾では、武田塾の加盟オーナーがやってくれていた。先に加盟した先輩オーナーたちが、新人オーナーに気をつけるべきことを教えてくれたり、給与制度をどうするか教えてくれたり、とにかくいろんなことを先輩オーナーたちが教えてくれる。

オーナーさんには当然、教えている間にお給料が出るわけではない。そしてそのオーナーさんというのはそこらへんの社員さんとかでもない。そこそこ大きな会社の社長さんだったりする。令和の虎に出ている社長さんだったこともある。

そんなひとが加盟金をくれ、校舎の資金を出してくれ、人材を用意してくれ、月々の売上から一定のパーセンテージをロイヤリティーとしてくれるし、さらに無給でグループ全体の発展のためにＳＶのような役割を担ってくれるのだ。

みなさんはなかなか優秀な社員がリクナビから来ないと悩んでいるだろう。もっとお給料などの待遇をよくしないと、優秀な社員が来ないいんじゃないかと悩んでいたりもするだろう。私はとてもすごい社員どころか、すごい社長さんたちに無給で、むしろお金をいただきながら事業拡大のお手伝いをしていただいている。

全く意味不明だと思うが、これはフランチャイズの仕組みをうまく使うと起きる現象である。ＦＣについて書く章があれば書いていくが、まあ、長くなるし面白くもないと思うのでとりあえずこの辺にしておく。

3/7

お金じゃない！
理念だ！

お金よりも大切なものがある。それは「理念」だ。ここまでお金のことを書きまくってきたのに、いきなり理念だと言われても……と思うだろう。ここから理念の重要性について書いていきたい。

私に対して、いろんなひとがお金を出してくれたり、手伝ってくれたり、その理由はやっぱり理念に共感してくれているからだと思う。まず、自分の教育業界を変えたいという想いに共感してくれるからこそ、みんな手伝ってくれるのだ。

ビジョンより大切なものはない。採用でも、広報でも、なににおいてもビジョンが大事だ。実はあなたの会社に人が集まらないのは報酬のせいではなく、ビジョンが浅かったり、伝わっていないからだ。

ビジョンをしっかりつくった上で、ビジネスモデルや採用、広報、営業戦略を考えるべきだ。ビジョンよりも大事なものがあるだろうか。ビジネスモデル？　利益率？　サブスクであること？　他にも大事なことはたくさんあるけれども、ビジョンよりも大切なものが思い浮かばない。

まず、みんな、ビジョンのない会社に入社したいだろうか？　なにをしようとしている会社かわからない、自分たちが何を目指しているかわからない、そんな会社には入りたくないはずだ。

次に、起業したての時、資金も実績もない。会社の規模が小さい時、起業したての時、仲間を集めるにはどうしたらいいか。

お金はないし、実績もない。そこでビジョンを語り、みんなに協力してもらうしかない。顧客を集めるのもビジョンしかない。なぜなら広告費もそんなにかけられないので、熱い想い以外、何で勝負したらいいのだろうか。

さらに、ビジョンがなければお客さんも集まらない。

いいサービスはあるかもしれないけれど、想いがのっていなければ広がらない。

社会にこう役に立つ、社会をこう変えていきたい、そんな想いがのっていないと多くの人に共感してもらえない。

ビジョンに共感して、購入率・成約率も変わってくる。

そして、ビジョンがなければ組織が崩壊する。めちゃくちゃ利益が出ていても、ビジョンがなければみんなの方向性はバラバラになり、組織の崩壊や独立が続く。チームとして将来実現したいこと、今後数年間で実現したいことなど、しっかり共有していくことが大切だ。


また、ビジョンがなければ、会社の自己紹介がキャッチーにできない。

自分がどんな会社を経営しているか、キャッチーに自己紹介できるようになるべきだ。そのときに私は「大学受験の時にたくさん授業を受けたのに成績が伸びなくて、受験を失敗しました。参考書でやる方が効率的だと気付いたので、日本で初めての授業をしない塾をつくりました。そしたら流行って全国４００校舎、現在年商

140億円ぐらいです」と話している。

この話の裏には「自分のように大学受験で失敗してほしくない」「予備校の合格実績に騙され、無料特待制度によって合格しない子からお金をとる、まるで詐欺のような被害に自分以外にあってほしくない」「本当に効率的な勉強法を知ってほしい」というものがあり、社会でおかしいと思った部分を変え、一人でも多くの人が幸せになってほしいという理念がある。


この理念を繰り返し伝えることによって、今の会社規模になってきた。そのため、自分の経験に基づく事業から根本の理念を考え、その理念に裏付けられたサービス紹介がキャッチーにできるかできないかは、とてもとても大きな差になる。

ここまで書いてきたように、ビジョンより大切なものがある？　ということだ。ビジョンがなければ採用も不利。退職者も増え、成約率も下がり、会社の紹介でもできない。なので、ビジョンはすべてのことにおいて最も重要だ。

みんな、ビジョンより大事なものがあったら教えてほしい（笑）。

一般的には大きな会社をつくりたいと思ったら、資金を調達したり、大規模な投資をしたり、優秀な人材を高額の報酬でスカウトするなどになると思う。

そうではなく、本書に書いてきた通り、人とは違ったことをしまくることによってなにかが起きてくる。普通のことはしないのだ。

おそらく、みなさんにお勧めする林起業ルートは、起業プランをまとめ、ビジョンをしっかりつくり、令和の虎に志願者で出演することだ。これが一番おすすめの起業プランである。

でも、こんなことを勧める人は地球上でもあまりいないだろう。会社を大きくするにも、令和の虎やSNSをがんばること。

広告費をかけることではない。採用もリクナビに出すのではなく、XやTikTok経由のほうがよっぽどいい。会社の問題は、すべて理念で解決されるかもしれない。

3/8

貯金するな！
限界まで使え！

突然だが、読者のみなさん方が私よりも持っているものがある。私よりも絶対にみなさんの方が多いもの、それは「貯金額」だ。私の貯金額は常にゼロに近い。臨時収入などで一時的に増えることはあるが、その数日後にはだいたいゼロになっている。本当に生活が苦しくて、困っている。

みなさんも本当に追い込まれたことはあるだろうか。お金がない。締め切りが近い。卒業がピンチ。テストがあるなどなど。追い込まれないと基本、みんななにもしない。もし私に貯金が１００億円あったらこんなに働かないし、こんなに頭を使わない。

みなさんも経験がないだろうか。追い込まれたときに本気で考え、本気で動く。追い込まれたときの頭の使う容量、範囲は絶対に通常時とは違う部分まで稼働している気がする。人間、追い込まれたり、辛い経験がないと成長しない。だからお金は使いまくり、追い込まれるべきだ。貯金なんかしない方がいい。

また、お金を使いまくることには他にもメリットがある。お金でいろんな経験が買える。お金を使うという経験が自分の血となり肉となる。

買い物も、旅行も、逆に全く意味のないことにもお金を使うことによって経験値が増える。しかし、貯金してもなんの経験もできないのだ。私はいろんなところでいろんなお金を使ってきた。

書ける範囲と書けない範囲の話があるのだが、その経験した話を自慢ではなく、自然なタイミングで話せることが大事だ。そのためにはいろんな無駄な経験も積んでおかないといけない。すべてネタになるかもしれないし、ならないかもしれない。ネタになるからお金を使おうという発想もいいのだが、正直、そんな考えでは面白い経験はできない。

意味のないことに使うことも含め、お金を使いまくった方が様々な経験ができ、すべらない話というか、ネタができ、その経験が自分に影響を与え、自然なタイミングで話せることによって、周りに何となくそのひとの人間味が伝わるのだ。

お金を使いまくれば、いつも使っていない部分の頭まで稼働し、行動力が出て、さらに、お金を使った経験がどんどん貯まり、ネタになるし、お金を使うカンも養われる。

いいことずくめだ。私は安定したＦＣ本部をつくり、様々な事業でもうまくいってしまっている。こんな私が貯金なんかしたらもう一生働かずに生きていけるだけの金額が貯まってしまい、これ以上社会貢献できなくなってしまうだろう。みんなのために私は今日もお金を使うのだ。

3/9

無料で会うな！
課金しろ！

先に予告しておくと、この項目は一般の方にはよくわからないかもしれない。かなりレベルの高い話を書いていく。まず、人と会うのに、お金を払いながら会うのと、無料で会うのだったらどっちがいいだろうか。当然、一般人のみなさんは「無料がいいに決まっている！」となるだろう。

例えば、夜の街でホストクラブで働いている男性がいるとする。その男性と会うのにお店の営業時間にお金を払いながら会うのか、お休みの日に無料で会うのか。

そんなの無料がいいと思うと思うのだが、私はあえてお金を払って会いたい。その理由は、先方への気持ちが伝わるからだ。「お金を払ってでもあなたに会いたい」という気持ちを行動で示せる。先方も「そこまでしてくれるのか」と思う。その方が相手が喜ぶと思うのだ。

私は会いたい、仲良くなりたい、自分のことを認識してもらいたいという大物が何人かいる。代表的なふたりが堀江貴文さんとYouTuberのヒカルさんだ。

まず堀江さん。堀江さんとは何回かYouTubeの撮影で一緒になったことはあるのだが、まだ私のことをよくわからないひとだと思っていると感じた。そのため、とりあえず堀江さんの主宰する別府の温泉フェスに行き、約2000万円シャンパンをあけた。

初回の開催ということもあり、運営費用がそこまで黒字化していないと噂を聞いたからだ。さらに、堀江さんが注力しているロケット事業。そこにもまだまだ開発費が足りないとのこと。微力ながら、その会社にふるさと納税を4000万円分させていただいた。

そうすると、堀江さんに「林とはどんなことをしているのか」ということを認識してもらえるようになり、YouTubeの撮影回数やお呼ばれすることが多くなった気がした。堀江さんとは何回もお会いしていたし、共通の知人も多く無料で会おうと思ったら会えたかもしれない。でも、それでは僕の堀江さん愛は伝わらないと思って行動で示したつもりだ。

そしてヒカルさん。ヒカルさんも林のことは令和の虎に出ている人だと認識してくれていて、YouTubeでの共演も1回あった。しかし、そこまで自分と仲良くなろうとは思ってもらえていない、そんな認識だった。そこで私はヒカルさんにとりあえず5000万円お渡しした。

一緒にビジネスをしたい、一緒にYouTubeに取り組み、僕の応援するフランチャイズ本部をより応援できる体制をつくるために協力してほしい気持ちからだ。

ヒカルさんからは「成果報酬でも構わないですよ。結果が出た分を分けていただく方式がいいんじゃないですか」とも提案された。しかし、それではヒカルさんに気持ちが伝わらないと思い、なにも結果が出なくても、最低とりあえず手付金で5000万という契約にした。

成果報酬で結果が出たら払うなんて自分の中ではありえなかった。私の力不足で結果が出なかったら、ひょっとしたらヒカルさんをただ働きさせてしまうことになりかねないのが成果報酬での契約だ。だからそれは絶対に避けたかったのだ。

ヒカルさんを稼働させてしまう時点で、結果が出ても出なくてもとりあえず500万円お渡しする契約。これが私なりの誠意だった。それに、ヒカルさんなら絶対に結果が出るだろうと思っていた。そうしたらどうなったか。当然、結果はうまくいった。

私のビジネスはヒカルさんのおかげでとても伸びた。億単位の効果が出ている。さらに、とんでもないことをヒカルさんがしてくれた。詳しくは次の項目に書く。

3/10

我慢するな！
頼れ！

みなさんも、人生のピンチというものがあっただろうか。私も何回かはある。そのうちの1回が「令和の虎スタジオ、火事で3億円事件」だ。令和の虎の収録の際、志願者がからあげを揚げたところ、火を消し忘れ火災報知機が鳴ってしまった。

そのビルは全員避難することになり、多くのひとに大変な迷惑をかけてしまった。本当に申し訳ないことをした。しかし、その結果、そのビルでは令和の虎の撮影ができなくなってしまい、強制的に退去しなければいけなくなった。そのため、現状のスタジオを壊し、新しいテナントを契約し、またそこにスタジオをつくらないといけなくなった。

さらに、ビルのオーナーからはとても大きな違約金のような請求も来た。その費用は合計で最大3億円と見積もられた。このお金をだれが負担するのか。令和の虎の主宰である岩井さんなのか、スタジオの運営者サンエイトなのか、はたまた私なのか。

令和の虎には何種類もあり、通販版、受験生版など、さまざまなバージョンがある。その火事が起きたのはどのバージョンだったかというと、なんと「フランチャイズ版」であり、私が主宰しているバージョンの撮影だったのだ。責任は間違いなく私にある。しかし、3億円という大金はさすがに急には用意できない。

私は年収は高いのだが、みなさんもご存じの通り全部使ってしまうため、貯金がない。本当に困って、ヒカルさんに相談した。するとヒカルさんが「新しい顧問制度を始めよう。みんなで食事をするだけの会、それをすれば多くの経営者が助けてくれるのではないか。そのお金を3億円の返済に充てよう」と言ってくれたのだ。

そう言って始まった「みんなの願いが叶う会」というヒカルさん、桑田さん、青笹さん、竹内さん、林が集まってみんなでご飯を食べるだけの会。多くの経営者が「林を救えるなら」「ヒカルさんに会えるなら」という理由で集まってくれた。その利益見込みはYouTube1本で約5億円分の申し込み、入金があり、返済見込みがたってしまったのだ。

本来は7割、8割ヒカルさんがもっていってもおかしくないヒカルさん版顧問制度ともいえる内容。その収益の大半を私を救うために、令和の虎を救うために分けてくれたのだ。

ヒカルさんクラスになると「別に目の前の数億円はあってもなくても困らない。そんなにお金を使うこともないし、生活に困っていない」とのこと。だからって億単位のお金を分けてもらえるものなのか。ヒカルさんは私が気を遣わないようにこう言ってくれている。

「林さんが俺を信じて5000万円積んでくれたからです。そこから令和の虎とのコラボが進んで自分自身も進化した。そのお礼だし、まさにこういう顧問制度みたいなことをしたいと思っていたからちょうどよかったんです」と。なんというか、私が気にしないように言ってくれている部分も当然あるのだが、しかし、現象としては私がヒカルさんを信じてまず5000万円課金したところからこの話は始まっている。

なので、やっぱり無料で会うよりも課金したほうがいいということではないだろうか。そして本当に困ったときは我慢せずに周りのすごい人に頼ることがいいのではないか。

ただ、日々、周りの人のために力を尽くし、嫌なことはせず、喜んでもらえることをし続けると、本当に困ったときにこういうことが起きる。

自分のために、みんなの力になり続けておこう。そういうひとは本当に困ったときには我慢せずに周りに頼るべきだ。そして私は助けられたし、絶対にヒカルさんが困ったときには、なんとしてでも自分にできることはすべてすると思っている。

第4章
新しく学ぶ技術

4/1

学歴は大切だ！
いい大学に行け！

第2章でいい大学に行くと、いい企業に入ってしまって、普通の人生になってしまうと書いた。だからいい大学に行かないべきなのかというとそうではない。いい大学には絶対行くべきだ。世の中はまだ学歴社会である。例えばこういう時に役に立つ。

私の友人に競馬の予想屋マスターの平出心さんというひとがいる。競馬の予想で生計を立てており、マジックミラーカーというアダルトビデオの撮影に使われそうな車を乗り回している。そしてアル中かのように酒を飲みよくしゃべるおっちゃん、平出さん。はっきり言って、普通なら、いろんなひとに誤解されることが多い。

ただ、筑波大附属高校から慶應を出て、さらに弁理士資格も保有している。そう聞くと「やっぱり平出さんってちゃんとした人なんだな」というイメージを持つ。実際、先日、私の友人も「慶應出て弁理士資格持ってると聞くまで、平出さんはやばいひとだと思ってた」と言っていた。

学歴はいい企業に行くためのチケットではない。努力できる証拠、結果を出せる証拠、地頭の良さを表す証拠なのだ。

みんな行けるならいい大学に行きたいはずだ。そこで平等なルールのもと、結果を出せたものだけが手に入るものが学歴。めちゃくちゃ頭がいいひともさぼれば手に入らないし、頭が悪いひとでも長時間勉強すれば手に入れられる。

この学歴を手に入れるという平等なゲームをクリアしたものは、やっぱり高確率で仕事ができる可能性が高い。もちろん、例外はある。ただ、高学歴の人の方が話がスムーズだし、仕事の処理も速い。やっぱり高学歴はいいなあと思っている。

ただ、高学歴の人はリスクをとるのが苦手な印象がある。高得点を目指して来た代償なのか、間違いを恐れる。私ぐらいの中途半端な学歴だと「もともとないような学歴なんだから、就活などせず起業して一発勝負しよう」とか余裕で思えるのだが、さすがに東大に行ってしまうとそこまでのリスクはとれない。

先ほどの例にあげさせていただいた平出さんは慶應を出ているのに、競馬の予想で生活し、念のため弁理士資格を持っているなんてのはリスクと安定を掛け合わせた最強のパターンだが、普通こんなことはしない。

本来は大学院に進み、メーカーの研究所などに勤めるのが一般的だろう。そこをリスクをとって違う道を切り拓き、年収も相当高い。平出さんは令和の虎の初期からの虎。令和の虎にいまでも出続けているということは出資し続けている証拠だ。

つまり、高学歴の人はとても仕事ができる可能性が高い。だから私は積極的に採用していきたいし、投資もしたい。ただ、高学歴だからこそリスクをとり切れず、年収が上がらないままの人も多い。

平出さんほどはぶっ飛ぶことは難しいかもしれないが、高学歴になって、そこからそれを捨てるような行動をすればお金持ちになる。じゃあどうせ捨てるならいらないのでは？　という説もあるのだが、本来、高学歴になるだけのそれだけの才能があるけどやらなかったひとと、実はそんな才能がないひとというのが正直、見分けがつかないのだ。

学歴があると「このひとは最低限の努力ができて、結果を出せる人なんだな」という安心感がある。学歴がないと「このひとは可能性があるかもだけど、まだ結果を出したことがないひとなんだな」ということになる。

なので採用するにも、投資をするにも学歴があると大変安心なので、学歴を捨てても構わないが、多くの人の協力や信頼がなかなか得られないところからのスタートになる。

学歴はあった方がいい。でも、最終的には捨てる。だから、堀江貴文さんみたいな、東大行って中退が最強だ。そういうひとと私は一緒に働きたいし投資をしたい。

4/2

英会話へ行くな！海外に行け！

みなさんの周りで英会話学校に行って英語を話せるようになった人はいるだろうか。おそらく、いないのではないだろうか。

理由は簡単である。勉強時間が短すぎるからだ。第一、中学高校大学と英語を習ってきているのに話せない。あのくらいの勉強量では話せるようにならないということだ。

中学校からほぼ英語の授業は週に5回程度あったとして、1回1時間なら5時間×1年間の約30週×中高大10年間＝1500時間は勉強している。中高だけでも900時間だ。それでも話せるようにならない英語。週に1回英会話に行ったところで1年間で約50時間。話せるわけがない。

でも、海外に住んでいた、留学経験がある、ホームステイをしていた、そういう人たちは英語が話せるだろう。1か月行っていたぐらいでは話せるようにならないが、まあ、最低限、半年ぐらいいたら話せるようになるだろう。

海外にいたら毎日でも英語を使わないといけない。毎日12時間授業を受けているようなものだ。しかもライティングやリーディングといった読み書きの授業ではない。ヒアリング、スピーキングの授業を毎日12時間、１８０日間受けていたら２０００時間を超える。その程度になって最低限、英語が少し話せるぐらいなのではないだろうか。

それを日本にいながら再現するのは、めちゃくちゃ自宅学習をしなければならない。週に1回の英会話だけでそれを自分の意思で実行するのはかなり難しい。英会話で英語を話せるようになる人は、めちゃくちゃ自己管理ができ、やる気があり、英会話スクールの時間以外に千時間単位の自習時間を確保できる人だ。

そんなひとは滅多にいないから、みなさんのまわりで英会話スクールで英語が話せるようになった人がいないのだ。そのため、強制的に海外に行くことをお勧めする。

いきなり行くのが怖いなら、まずはセブ島を中心にあるマンツーマン型の英会話スクールがいい。集中的に海外で自分のレベルにあったところから学べるはずだ。どうしても日本で学びたい場合は、武田塾イングリッシュというところがある。

武田塾の卒業生で逆転合格者井関くんという若者がいる。偏差値が低い状態から武田塾、そして明治大学に合格。この勉強法を使い、大学2年次に英検1級を取得。海外の大学に進学し、有名企業に勤めたのち、武田塾に戻ってきてくれたスーパーな男だ。もちろん、TOEICも満点である。

そんな彼が立ち上げ、全く英語ができないところからでも英語が話せるようになるところがある。なぜそんなことができるかというと、めちゃくちゃ宿題が出て、やっていなければばれるようなテストの仕組みがあるから、やらざるを得ないのだ。

ただみんなで話す英会話スクールとは違う。勉強法、暗記法、テスト法、自宅学習の管理法が違うのだ。普通の英会話スクールに入ってはならない。ほぼ伸びない。話せるようにならない。

だから海外に行こう。海外に行けないなら、武田塾イングリッシュがお勧めだ。

4/3

資格は取るな！
飲み会に行け！

私の秘書に大池というやつがいる。神戸大学法学部出身、司法試験の勉強も中途半端に、就活で20社受けて落ち、私の秘書として拾われた男だ。

見た目もさえない、いつも体調が悪そうな顔をしている奴だ。そんなもともとさえない大池だが、神戸大学の同級生たちの年収を聞いてみると、現時点では弁護士、会計士になったひとたちの年収が高いらしい。ただ、たぶん、わが秘書、大池の方が高い。

大池は弁護士にもなれず、人気企業の内定もとれず、さえないやつだったがそれは仮の姿だ。本当はなかなかイケてるやつなのである。旧態依然とした大企業は大池のすごさを見抜けなかったのだ。

私は大池が入社してまず、私の会社の女性従業員と美容院、洋服店に行かせ、髪の毛、眉毛、洋服を最新のものにさせた。そして令和の虎で有名なドラゴン細井のもとに行かせ、目を二重にさせ、イケてる男にした。

ここまですべて私持ちだ。そして夜の街に連れ回すと才能が開花。とくに深夜のカラオケで繰り出される面白い曲は昼間のイメージと違いすぎて毎回、参加者を爆笑の渦に巻き込む。仕事も抜けている部分は数多くあるが、夜の飲み会が面白すぎて、酔った勢いでうっかり年収を200万円上げてしまった。そのくらい面白いのである。

ここまででわかっていただけただろうか。もし大池がまじめに弁護士を目指して勉強していたら、今のようにはなれなかったかもしれないし、なれたとしても給与・待遇は今ほどではなかったかもしれない。対して、サークルで遊び、麻雀をし、飲み会のかくし芸を温存していたため彼の年収は上がった。

資格試験の勉強よりもいかに飲み会、コミュニケーション力、遊ぶ力が大事か彼から学べるだろう。資格は取らなくても、稼いでしまえばその道のプロにお願いすればいい。私は法学部出身だが政治学科だったため、法律は憲法第9条しか読んだことがない。というか、憲法は法律なのかもわかっていないレベルだ。

しかし、なんとか会社経営はでき、そこらへんの弁護士の先生より年収が高く、いつも優秀な弁護士の先生に何か問題があった時は力になっていただいている。別に、資格がなくても年収は高くなるし、それよりもコミュニケーション能力の方が大事なのではないだろうか。

むしろ、本当に私の独断と偏見で申し訳ないが、そこまでコミュ力に自信がないからこそ、手に職をつけるために弁護士、会計士などを目指す人もいるだろう。そういう人はおそらく、資格を取ってもそんなに稼げない。私はコミュ力が高い士業の方にお仕事をお願いしたいと思うからだ。

なのでどこにいってもなんであってもコミュ力は避けられない。苦手と言わずたくさん合コン、相席屋、普通の飲み会でも何でもいい。たくさん遊んで、たくさん盛り上げるべきだ。そうすると年収が上がる。

4/4

YouTubeは観るな！編集しろ！

みなさん、YouTubeは観るだろうか。きっとYouTubeを観る層に本書は多く手に取られていると思う。ただ、観ている場合ではない。編集すべきだ。

私の周りのお金持ちはこぞってYouTubeの配信を始めている。どこの会社に編集を依頼すべきかと私にたくさん相談が来る。そして、私がお勧めする会社がいくつかあるのだが、その会社は人手が足りないといつも嘆いている。

YouTubeの編集者が足りない。そしてYouTubeの編集からお金持ちになった人が私の周りにはたくさんいる。今からでも遅くはない。YouTubeの編集に興味があるならその世界に飛び込むべきだ。

動画編集ＣＡＭＰというサービスがあるが、たった二日間で動画の編集が最低限できるようになるらしい。そんなことができるのかと初めは疑っていたが、私の知り合いも本当にできるようになったという。

先日、前出の平出さんの姪が高校生なのだが、動画編集ＣＡＭＰに行き、私のＦ

Cチャンネルに出演し、その自身が出演した動画を編集するという企画があったのだが、別に他のプロにお願いしているやつとまったく遜色がなかった。じゃあ、プロとは何なのかと逆に疑問に思うのだが、それはこの際置いておこう。

動画編集の案件はめちゃくちゃある。そしてその案件に対して、どんな動画をとるべきかの企画を考えたり、複数のプロジェクトを管理し、ちゃんと納期に間に合うようにするなど、YouTube配信のプロジェクトマネージャーのような仕事もたくさんあるし、まだまだYouTube配信の会社は生まれてくるだろう。それぐらいニーズがすごい。

さらに、YouTubeだけでなく、TikTok、Instagram、Xでも動画は必要になっている。いま、動画編集のニーズがすごい。そしてさらに、みなさんがお金持ちになる、私、おすすめの方法がある。

まず、動画編集を学び、自分自身がYouTuberになり、インスタグラマーになるのだ。自分自身を伸ばし、その影響力で動画編集の案件をとる。それに成功すれば他の人にアドバイスをするのに説得力が増す。

自分自身がやっていないのに、人様に「もっとYouTubeをこうすべきだ」「こうやって顧客を獲得すべきだ」とアドバイスをするのは説得力がない。自身が試し、そのノウハウを人に提供していくのがいい。

もちろん、それをやっていないひとでも成功者がいるのは認めよう。ただ、私はあくまでも実際にやったことがあることをひとに勧める会社さんに依頼をしたいと思うし、そういう会社さんに顧客を紹介したいと思う。

動画を観ている場合ではない。自分自身で演者となり、撮影編集し、企画しコンサルし、年収を上げよう。

ただ最後に大事なことなので言っておくが、動画編集を学ぶだけでは簡単には年収は上がらない。

その中でも努力し、品質を高め、納期を守り、営業もしっかり、管理もできるようになると年収が上がる。ただ、他の分野よりもチャンスが大きいということを伝えたいのだが、そこは誤解しないでおいてほしい。

4/5

リクナビ見るな！TikTok見ろ！

あなたが今、転職を考えていたとする。リクナビNEXTを見たり、ビズリーチに登録していないだろうか。そんなあなたは旧態依然とした企業に入ることになるし、成功しない。

見るべきものはTikTokだ。現代のイケてる経営者、企業は当然ながらTikTokをやっている。そこで面白そうな会社、すごそうな会社、これから伸びそうなひとを見つけるべきだ。

そしてそういうところには、だいたい求人募集の動画もあるし、リンク先もある。なければ自分から自己紹介を添えて送ればいい。これが現代の就職活動、転職活動だ。

リクナビを代表とする普通の求人媒体にお金を払って求人するなんて、自ら昔の企業ですと言っているようなものだ。私の経営する株式会社FCチャンネルでは1回も出したことがない。YouTubeやXで「秘書募集」「運転手募集」「幹部候補生募集」とか書くたびに何十人単位の応募が来る。また、顧問先の求人募集もお手伝いしているが、それもＳＮＳでだいたい来る。

自社のＳＮＳを伸ばし、それを求人に用いるべきで、そういう戦略をとっていない企業が通常の求人媒体に掲載されているのだ。

ビジネスYouTubeを観ていて、この社長の人柄がいい、この社長は伸びそうだなど、みなさん思ったことはないだろうか。そこで働いた方が私は後悔がなくていいと思う。

また、相手の立場になって考えてほしい。経営者としても自社のＳＮＳを見て応募してくれた人というのはとても嬉しい。例えば、令和の虎に出ている茂木社長のピナイ・インターナショナルにみなさんが応募したとしよう。

そのとき、志望理由を聞かれた際、「令和の虎でいつも鋭い意見をおっしゃっていることで興味を持っていたら、TikTokでダメな社員に対してしっかりなぜ飲み会に誘っているかということを毅然とお話しされていて、その内容がしっかりチームをつくろうとしているかつ、社員に無理に強要させないバランス感覚がとても素敵だと思ったからです」などと伝えてみてほしい。

茂木社長は絶対に喜ぶはずだ。そんな感じで、社長も人間だから、自社の活動をしっかりわかってくれ、そこに共感してくれた人が入ってくれるなんていうのはとっても嬉しい。求人広告媒体経由で来るよりも何倍も嬉しいものなのだ。

だからこそ、喜ばれるし、大事にされるし、会社がまだまだ小さかったら幹部候補生になれる。採用すらも普通ではなく、違った方法でアプローチしたほうがスタート時から差別化が図れる。何事も普通の戦略はとらず、変わった方法をとり、その連続で差が大きく開く。

みんながリクナビ見ている間にTikTokを見よう。その方が出世につながる。

4/6

授業を受けるな！独学しろ！

何かを学ぶなら授業を受ける。これが当たり前のことだとみなさんは思っているだろう。小学校から高校までの教育だけでなく、大学も授業。なにかを学ぶなら授業が当然の仕組みだ。ただ、よく考えてみてほしい。授業を受けても全く差はつかない。みんなと同じペースでなにかを学びたいのならいいのだが、きっとみんなは資格試験で合格点をとりたかったり、大学受験でいい大学に行きたかったりするはずだ。

つまり、ライバルよりも高得点をとらないといけないのに、なぜ同じペースで勉強しなければいけないのか。みなさんご存じ、模試などで登場する「偏差値」。これは「偏《かたよ》った差《さ》の値《あたい》」と書く。つまり、どれだけ他の受験生と「偏っているのか」を出す。みんなと同じペースで勉強してても偏らず、偏差値は高くならない。

例えば日本史を例にとって考えてみよう。学年の始まりである4月、日本史は縄文時代から始まり、夏頃、江戸時代などに進んでいき、3学期の終わりの翌年2月頃、現代史となり、冷戦や中曽根元総理、小泉元総理が登場する。このペース通りに勉強していたらみんなと差がつかない。現代の世の中では、充実した参考書がたくさんある。

授業を口頭で再現している参考書があり、読めば授業を受けたのと同じ効果がある。その本を使えば、春の段階で小泉総理まで到達することも可能だ。参考書の方が圧倒的にスピードが速い。授業をみんなで同じペースで受けるなんて全くセンスがない。偏差値は上がらないし、差はつかないのだ。

さらに、よく考えてほしいのは、授業を受けただけで成績は伸びるだろうか。日本史の授業を聞いただけで様々な戦争、人物、年号を暗記できるだろうか。当然、それは不可能である。そのため、みなさんは定期テスト前にテスト勉強をしたはずだ。赤シートを使ったり、問題集を繰り返したりしたはずだ。

よく考えてみると、頭が良くなるのはその時間の方だ。授業を受けてもなんとなくわかった気になるだけで、実は実際に憶えているのは定期テスト前の暗記の時間だ。その時間をしっかり確保するためにも、授業なんか受けずにいきなり暗記すべきなのだ。日本史も授業を受けたのと同じ効果がある参考書を読み、流れの理解をそこそこにし、いきなり用語の暗記をまずすべきだ。

一問一答でも穴埋め問題集でもいい。それをまず暗記する。そしてそのあとまた流れの理解に戻る。その方が頭に入りやすい。

この学習方法を資格試験や動画編集などのスキルの取得などに応用していくと差がつくのだ。周りと同じペースで授業を受け満足してはならない。他のライバルを抜くために独学すべきだ。

4/7

同じことをするな！他人にはわからないチャンスがある！

前項で書いた偏差値の話。これはすべての分野で応用が利く。みんながよく話せば、自分は聞く。みんなが奢ってほしそうなら、自分が奢る。みんなが就活するなら、自分はしない。そのように、みんなと違うことをすることによって、差が生まれ、偏り、自分の位置が差別化されるのだ。

私はみんなと違うことをしてきた。その連続によって自分はみなさんにえらそうに「こうすべきだ！」なんていう本を書く立場になった。この本を手に取っているみなさんの多くはまだ何者にもなっていないからこの本を読んでいるのだろう。それはきっと、周りのみんなと同じことをしてきたからだ。

普通に学校に行き、進学し、就職し、働いている。それでいいなら全然いい。生きているだけで素晴らしいことだし、きっとあなたが生きているということだけで嬉しいと思う存在が何人もいるはずだ。

私は心から日々、生きているだけで素晴らしいことだと思っている。ただ、私はより多くの人の役に立ちたいと思っている。せっかく生まれてきたのだから、自分の才能という見えないものをどんどん具体化し、実際に意味のある行動をたくさんし、一人でも多くの人を幸せにできたり、喜んでもらえたり、困っている人を少なくしたいと思う。

そのためにはもっとすごいひとにならないといけないと思う。もっと有名になり、お金も稼ぎ、社会をもっといい方向に変えたいと思う。そのためにはもっとすごい人にならないといけないと思っている。そのためにはみんなと同じことをしていてはダメだ。だからみんなと違ったことをしている。

一番わかりやすい例で言えば、私はみんなに「なぜそんなに夜の街でお金を使うのか。無駄だ！」と言われる。言われれば言われるほど、チャンスだと思う。みんな夜の街でお金を使うことを無駄だと思っているからこそ、私にしかわからない夜の街の意味、ビジネス的なプラスを独占できる。

フランチャイズにおいてもそうだ。「フランチャイズなんて本部が儲かるだけだ！詐欺だ！」とみんなが思っていればいるほど、自分にしかフランチャイズの魅力はわからず、それを利用して私は短期間で年商1億の塾を年商140億までにした。みんながしてたらできない。そして、それはいつも当たるかどうかはわからない。結果が出るかわからない。

私は次に「FiNANCiE（フィナンシェ）」というサービスの「トークン」というものが来ると思っている。これも非常に怪しいと言われたり、リスクがあると言われる。世の中に絶対はないが、私がこれが来るのではないかと思っているのでベットしているところだ。

みなさんも人と違うことをし続けるべきだ。その差が結果にあらわれる。

4/8

クリーンになるな！
怪しげな
投資話にのれ！

最近は『地面師たち』という詐欺ドラマが話題だ。表には出ていない条件のいい土地がある、ここだけの話の非上場の株がある、これから跳ね上がる仮想通貨がある。いつの時代もそういう怪しい投資話はつきものだ。

私が仮想通貨の話を聞いたのは、10数年前。歌舞伎町で「これから熱いのは仮想通貨だ」「ビットコインっていうのがあって」みたいな話を聞いて、めちゃくちゃ怪しいと思った。しかし今では当たり前となり、その時買わなかったことを後悔している。

第1章でも触れたが、「日本初！　授業をしない。武田塾」なんて怪しさしかない。ヒカルさんというYouTuberも今ではかなりの市民権を獲得しているが、かなりイロモノだと思っていた人も多いだろう。なので、今後伸びるサービス、取引価格が伸びるものなんていうのははじめは怪しいし、見分けはつかない。リスクを避けていたら、失敗することはないが、お金持ちになることはない。

もちろん、投資は無くなっていいお金でやらないといけない。全財産無くなってしまったらそれは困るだろう。前章で「限界まで使え！」とは書いているものの、そこはうまいことやってほしい。

そんなみなさんに、私がこれから伸びるだろうと思うサービスを書いていく。例にもれず、今回も怪しいと思う人はたくさんいるだろう。そしてみなさんが感じる通り、結果としてみなさんを損させてしまうかもしれないし、失敗するかもしれない。でも、私はこれが来るのでは？　と思うものを一つ書いておくので参考にしてほしい。

乗るも乗らないもみなさん次第だ。リスクを避けるひとは乗らないでほしい。そして、乗る人もなくなっていいお金で、本当になくなる可能性もあると思ってやってほしい。そうじゃないとここから先を読んではならない。

では、私が次に来ると思っているサービスについて書いていく。FiNANCiEというサービスが提供する、トークンという仕組みだ。

どんな仕組みかというと、みなさんはクラウドファンディングをご存じだろうか。なにかプロジェクトを進める時にいろんな人に応援してもらう。お金を集める。その対価として特典をつけるのがクラウドファンディングだ。

たとえば、新しいアイドルグループがいたとしよう。そのアイドルが「ライブをしたいからクラファンをする！」となった場合、応援してくれた人には特典が付く。たとえば、1万円分応援してくれたひとにはライブの参加チケット、10万円分応援してくれたひとにはツーショットのチェキ、100万円分応援してくれた人には最前席のチケットと楽屋に入れる権利というように、たくさん応援してくれたひとにはそれだけの特典が付く。

それで資金を集め、プロジェクトを成功させるのがクラウドファンディングだ。

ただ、そのお金を支援し、特典がついて終わるのがクラウドファンディングだが、そこにデジタルアイテムであり、仮想通貨のような「トークン」が貰えるのがFiNANCiEのサービスだ。

このトークンは、あくまでデジタルアイテムではあるが、例えるなら仮想通貨や株のようなイメージである。市場で取引、売買ができるのだが、発行数が限られている。そしてトークンはずっと残るものなので、「次のライブでも、１００万円分のトークンを保有しているひとは最前列に招待する」ということもできるので、なかには売りたくないというひとも出てくる。

そしてなにより、もし、この応援しているアイドルが人気が出て、売れたとしよう。この最前席やチェキがほしいというひとも多くなり、応援する人が増え、このアイドルのトークンが欲しいという人が増える。そうするとトークンの価格が上がる。もともとこのアイドルを応援していて初期の段階のトークンを持っていた人はその価値が何倍にもなる。

今まではただチェキをとるだけ、ただライブの最前席になるといういわば推し活はお金が無くなるものだったのが、トークンがあれば推し活で資産を築けるかもしれない。こんなすごいサービスがFiNANCiEのトークンなのだ。

さらに、このトークンを持っていれば、そのアイドルを応援することにさらに熱が入るだろう。そのアイドルが売れ、人気が出て、トークンが欲しいと思う人が多くなれば自然とトークンが値上がりする。そのため、アイドルの素晴らしさをSNSで投稿したり、より熱心にライブに通ったり、新曲や写真集を購入しランキングを上位にしたいと思うだろう。

こんな夢のようなおいしい話があるのか。リスクはないのか。それは当然ある。しっトークンは値下がりする可能性だってあるし、世の中何があるかわからない。しっかり自己責任で購入してほしいと思うが、リスクを全て避けていたらリターンは見込まれないということだけ書き記しておく。

※ FiNANCiE で発行されるトークンは、金融商品取引法上の有価証券ではなく、資金決済法上の暗号資産でもありません。

4/9

絶対はない！壮大な実験をやろう！

世の中に絶対はない。そしてみんなリスクは背負いたくないし、損したくない。でも、絶対にリスクのないところにリターンはないのだ。そんなものがあったらみんなそれをやってしまって、価値がなくなってしまう。どうしてもリスクがないところにリターンはないというのが世の中の仕組みなのだ。

でも、考えてみてほしい。株の世界でも絶対はないのだが、世界でも日本でも、平均株価というのは人類の歴史上、ずっと上がり続けている。起業しても絶対に成功するとは限らない。ただ、世の中にお金持ちの起業家はたくさんいる。起業しても絶対うまくいくかはわからないし、世界の歴史上、ここからの10年は初めて世界的に平均株価が下がる10年になるかもしれない。これは誰にもわからないのだが、リスクをとったものだけがお金持ちになっているのは間違いない。

しかし、昨今問題になっているのは「経済格差」の問題だ。少し古いデータになるが、世界人口の1％が世界の37・8％の富を保有しているらしい。逆に、下位50％のひとの資産を合わせても8・5％にしかならないらしい。

これは私は大きな問題だと思っている。お金持ちになった人はおそらく、投資をしたり、起業をしたり、リスクをとったひとがお金持ちになっているはずだ。だからみんなリスクをとる行動をすべきなのだが、その勇気もないし、失敗したら文句を言われるから、みんなにリスクをとれとも言いにくい。

みんながリスクをとって挑戦し、経済的に成功する割合が増える社会になればいいと思うが、なかなかそうもならない。だからお金持ちの割合が増えず、経済格差が広がる。

その経済格差を解決するサービスがFiNANCiEなのではないかと、私は真剣に考えている。

みなさんは株を買ったり、起業をしたりというのはなかなかハードルが高いと思うだろう。ただ、好きなアイドルのチケットを買うのはどうだろうか。好きなクレープ屋さんに行くのはどうだろうか。なにも問題なく行けるだろう。

つまり、このトークンの仕組みがあれば、普通にお金を使うタイミングでポイントカードのようにトークンを配ることが可能なのだ。自分の好きなサービスを購入するだけでおまけでトークンが貰え、そのサービスが将来めちゃくちゃ流行ったら、自然と大きな資産を築ける可能性があるのだ。

私はいま、フランチャイズトークンというものを発行している。トークンで集まったお金で、私がいいと思うフランチャイズにどんどん加盟し、その出た収益でトークンを買い支えるという仕組みだ。世界でも類を見ない、実態のある企業に紐づいたトークンだ。

画期的であり、みなさんの支援のおかげで１億円の資金が集まった。令和の虎の放送でこのプロジェクトを発表したのだが、コメント欄はあやしい、絶対に事故が起きるとのコメントのオンパレードだったが、信じてくれる人は信じてくれた結果が1億円だったと思っている。

そんなフランチャイズトークンで、これからめちゃくちゃ流行るのではないかという抹茶クレープ屋、たばねのしをオープンした。そしてそのクレープを買いに来てくれたら、フランチャイズトークンを配る予定だ。

食べたいクレープの対価としてお金を払うだけで、特典としてトークンが貰える。これだったらみんな、リスクをとれるのではないだろうか。

自然といいというサービスを消費しているだけで、トークンを貰えて資産が増える。そしてそのブランドを応援してくれたら、そのお礼にトークンをあげることもできるし、みんなで私に関連する企業を応援してくれたら値段が上がる可能性が高まる。

これは多くの人が非常に低リスクで、リスクに挑戦するきっかけをつくり、資本家や起業家しか稼げない、世界の経済格差の問題を救うサービスなのではないかと真剣に考えている。

１６００年の東インド会社が株式会社の原点だという。その仕組みで世界は多くの成功を達成し、豊かになった。しかし、その仕組みでは救えない、リスクをとれない層がたくさん出てきてしまった。

そんなみんなをリスクを極めて少なく救える可能性があるのが、FiNANCiEのトークンだと思う。信じるか信じないかは、あなた次第だ。

リスクはみんなとりたくない。その結果、格差が広がってしまった。でも、それは仕方がないことだということを書いた。そしてその中で、アイドルのライブチケットを買ったり、好きなクレープを食べただけで仮想通貨のように価値が変動するデジタルアイテムが貰える仕組みがあると書いた。

投資することなく、起業することなく、普通の消費行動をし、いわば推し活をするだけで大きな資産を築けるチャンスがあるサービスFiNANCiE。だから多くの人が低リスクで富を築ける可能性がある。リスクへの練習ができる。

多くの人が参加しやすく、世界の経済格差の問題を解決する可能性を秘めているのがこのサービスだ。私がこれから社会的に成功し、このプロジェクトがうまくいくと思う人だけ、信じてついてきてほしい。ただし、なくなっていいお金しか使ってはならない。

あとがき

本書を最後まで読んでいただき本当に嬉しい。

ここまでで伝えたかったことは、
・普通のことをしない。みんなと違ったことをする
・その違いの連続が小さな差となり、それが積み重なり、大きな差になる
・相手の立場になり、相手の喜ぶことをする
ということだと思う。

常識には間違ったことが多く、意味のないことがとても多い。「これはおかしい

のではないか」という違和感を大切にし、試しにやってみるべきだ。逆張りという言葉があるが、まさに、みんなと逆の違うことをすればリターンは大きい。

授業は受けない。就活はしない。いきなり起業する。SNSをする。そしてたくさんのお金を払う。

みんなと違うことをしていこう。

そうするとおのずと珍しい存在となり、いろんなところで必要とされ、待遇や年収が上がる。

すると、魅力的な人だとして、多くの人に慕われるはず。

そうなればいつかどこかで私と会い、一緒に飲んだり、自然とYouTubeを撮影したり、仕事をすることになるはずだ。

今何者でもないみなさんが本書をきっかけに人生のショートカット法のコツをつかみ、行動に移し、結果を出し、いつか私と一緒に飲む機会があった時に「この本に書いてあった通り、実行したら結果が出て、今この場にいます」と報告してくれたら嬉しい。

それを楽しみに、今日も楽しく過ごしておく。いつかどこかで会おう!

profile

林　尚　弘

はやし・なおひろ

株式会社FCチャンネル代表取締役。

1984年生まれ。学習院大学法学部政治学科卒。予備校に高校1年生から浪人生まで4年間通うも大学受験に失敗。その経験から20歳で起業、「日本初！　授業をしない塾」を設立。直営で8年間経営するも年商1億円だったが、フランチャイズ化をきっかけにその後の8年間で全国400校舎、年商140億円を超える。2022年、株式会社FCチャンネルを設立。FCで拡大した経験を活かし、事業を拡大したい会社を支援している。支援先である「はあとねいる」が10軒から2年で300軒に増え、日本一のネイルサロンになるなど、実績多数。

YouTubeチャンネル「令和の虎」（チャンネル登録者数127万人〈2024年9月現在〉）に放送開始時から出演。


林尚弘の公式LINEはこちら!

稼ぎたいならキャバクラへ行け

2024年10月25日　第1刷発行
2024年11月30日　第2刷発行

著　者　林 尚弘
発行人　見城 徹
編集人　福島広司
編集者　宮崎貴明

GENTOSHA

発行所　株式会社 幻冬舎
〒151-0051　東京都渋谷区千駄ヶ谷4-9-7

電話　03(5411)6211(編集)
03(5411)6222(営業)
公式HP：https://www.gentosha.co.jp/
印刷・製本所　株式会社 光邦

検印廃止

Printed in Japan
ISBN978-4-344-04332-9　C0095

この本に関するご意見・ご感想は、
下記アンケートフォームからお寄せください。
https://www.gentosha.co.jp/e/